船闸引航道口门区导流墩技术研究及案例解析

李君涛　郝品正　冯小香　普晓刚　著

人民交通出版社股份有限公司
China Communications Press Co.,Ltd.

内 容 提 要

本书内容包括船闸引航道口门区流场特征、流场理论分析、口门区水流对船舶航行影响理论分析、导流墩改善水流条件机理、布置规律以及工程应用实例分析等。

本书可作为港航相关专业的本科、研究生教学参考用书，也可作为相关专业研究人员及航道维护管理人员的参考用书。

图书在版编目(CIP)数据

船闸引航道口门区导流墩技术研究及案例解析 / 李君涛等著. — 北京 : 人民交通出版社股份有限公司, 2017.5

ISBN 978-7-114-13830-0

Ⅰ. ①船… Ⅱ. ①李… Ⅲ. ①船闸—引航道—导流—研究 Ⅳ. ①U641.2

中国版本图书馆 CIP 数据核字((2017)第 110850 号

内河港航工程研究论丛

书　　名: 船闸引航道口门区导流墩技术研究及案例解析
著 作 者: 李君涛　郝品正　冯小香　普晓刚
责任编辑: 崔　建
出版发行: 人民交通出版社股份有限公司
地　　址: (100011)北京市朝阳区安定门外外馆斜街 3 号
网　　址: http://www.ccpress.com.cn
销售电话: (010)59757973
总 经 销: 人民交通出版社股份有限公司发行部
经　　销: 各地新华书店
印　　刷: 北京鑫正大印刷有限公司
开　　本: 720×960　1/16
印　　张: 6
字　　数: 101 千
版　　次: 2017 年 5 月　第 1 版
印　　次: 2017 年 5 月　第 1 次印刷
书　　号: ISBN 978-7-114-13830-0
定　　价: 36.00 元

前 言

内河水运是国家综合运输体系和水资源综合利用的重要组成部分，一直受到世界各国的重视。20 世纪 30 年代以来，天然河流众多的发达国家，对一些重要的河流逐一加以开发、整治，并通过开挖运河沟通不同水系，先后建成了能通航千吨级船舶的深水航道网，万吨级顶推船队和千吨级机动船也已成为内河航运的主力。内河航运已成为现代化交通运输的重要组成部分。

通航建筑物是内河水运中实现河流渠化，沟通不同水系的重要建筑型式。它与内河航道之间是点与线段的关系，河流各梯级间航道由通航建筑物连接成为上下全线畅通的航道，不同水系之间的航道也必须依靠通航建筑物才能连接成四通八达的内河航运网，因此通航建筑物在水运交通中占有十分重要的地位。

在通航建筑物的进出口，即上下游引航道与河流相连接的口门区，因所处河道水流收缩（对上游）和扩大（对下游），形成斜向水流，产生回流和横向流速分量，当斜向水流的横向流速分量和回流达到一定强度后，便成为阻碍船舶（队）进入引航道的不良流态，使航行船舶（队）产生横漂和扭转，严重时会出现失控，以致发生事故，影响通航。因此，解决口门区通航水流条件问题，保证船舶安全、快速进出上下游引航道一直是通航建筑物建设中的重要技术难题之一。

对于船闸口门区水流条件，国内外工程技术研究人员已进行了大量试验研究，提出了一些改善措施，如调整导航堤（墙）长短、优化导流堤堤头型式、堤身开孔、浮式导流堤等。导流墩是近年来国内航电枢纽建设中应用较为广泛的改善船闸口门区水流条件的导流措施。研究表明导流墩能有效削弱引航道口门区的斜流及回流，改善水流条件效果显著。

本书结合相关研究成果以及工程实践，针对导流墩改善口门区工程措施，从引航道口门区水流特性的基础理论出发，基于数学模型计算、概化水槽、整体水工模型系列试验，较为系统全面地分析整理了导流墩改善口门区水流条件技术成果。

限于作者的学识水平，本书在编写过程中可能存在认知不足、遗漏甚至错误之处，敬请批评指正。

作　者

2017年4月

目　录

第1章 绪 论

1.1 引言

内河水运是国家综合运输体系和水资源综合利用的重要组成部分，一直受到世界各国的重视。20 世纪 30 年代以来，天然河流众多的发达国家，对一些重要的河流逐一加以开发、整治，并通过开挖运河沟通不同水系，先后建成了能通航千吨级船舶的深水航道网，万吨级顶推船队和千吨级机动船业已成为内河航运的主力，内河航运已成为现代化交通运输的重要组成部分。目前，我国已初步形成了以长江、珠江、京杭运河、淮河、黑龙江和松辽水系为主体的内河水运体系。我国内河航道与港口布局规划中明确指出，至 2020 年我国在内河水运方面将大力构建“两横一纵两网十八线”高等级航道，规划内河高等级航道约 1.9 万 km（占全国内河航道里程的 15%），其中Ⅲ级及以上航道 14300km，Ⅳ级航道 4800km，分别占 75% 和 25%。

通航建筑物是内河水运中实现河流渠化、沟通不同水系的重要建筑型式，它与内河航道之间是点与线段的关系，河流各梯级间航道由通航建筑物连接成为上下全线畅通的航道，不同水系之间的航道也必须依靠通航建筑物才能连接成四通八达的内河航运网，因此通航建筑物在水运交通中占有十分重要的地位。

在通航建筑物的进出口，即上下游引航道与河流（或运河）相连接的口门区，是过闸船舶（队）进出引航道的咽喉，口门区水流条件的好坏直接影响到过坝船舶的安全。引航道口门区为河流动水与引航道静水交界的水域，在枢纽采取集中布置型式时（枢纽电站、泄水闸、船闸等建筑物均布置于河道），对上游而言，引航道口门区段河道断面变窄；对下游而言，引航道口门区段河道断面放宽。河道水流收缩（对上游）和扩大（对下游），形成斜向水流，产生回流和横向流速分量，当斜向水流的横向流速分量和回流达到一定强度后，便成为阻碍船舶（队）进入引航道的不良流态，使航行船舶（队）产生横漂和扭转，严重时会出现失控，以致发生事故，影响通航。船闸引航道口门区水流条件是影响过闸船队的航行安全和船闸的通过能力的重要影响因素之一。因此，解决口门区通航水流条件问题，保证船舶安全、快速进出上下游引航道一直是通航建筑物建设中的重要技术难题之一。

对于船闸口门区水流条件,国内外工程技术研究人员已进行了大量试验研究,提出了一些改善措施,如调整导航堤(墙)长短、优化导流堤堤头型式、堤身开孔、浮式导流堤等。上述措施对改善某一特定工程口门区水流条件可能是行之有效的,但都有一定局限性。导流墩是近年来国内航电枢纽建设中应用较为广泛的改善船闸口门区水流条件的导流措施,研究表明导流墩能有效削弱引航道口门区的斜流及回流,改善水流条件效果显著。目前,国内应用导流墩的枢纽工程有湘江大源渡航电枢纽、湘江株洲航电枢纽、湘江长沙综合枢纽、松花江大顶子山航电枢纽、依兰航电枢纽和右江鱼梁航电枢纽等。

目前,关于导流墩改善船闸口门区水流条件的研究较为多见,本书参编人员近年来开展了国内多个内河枢纽船闸引航道口门区水流条件及改善措施的研究工作,并结合相关纵向课题对船闸引航道口门区水流特性(回流、斜流)以及导流墩改善口门区水流条件的基础理论进行了详细分析与系列实验。本书是作者通过对已有成果进行总结,同时借鉴国内同行相关研究成果以及工程实践,针对口门区水流条件及导流墩改善技术,从引航道口门区水流特性的基础理论出发,基于数学模型计算、概化水槽、整体水工模型系列试验,较为系统全面地分析整理了导流墩改善口门区水流条件技术成果。

本书的成果主要包括船闸引航道口门区流场特征、流场理论分析、口门区水流对船舶航行影响理论分析、导流墩改善水流条件机理、布置规律以及工程应用实例分析等。

1.2 口门区通航水流条件控制标准

船闸引航道口门区受特定边界条件影响,一般存在着垂直航线方向的横向流速、沿航线方向的纵向流速、回流,有时还会出现泡漩等流态。若口门区内的横、纵、回流流速达到一定程度,便会对船舶的安全航行造成不良影响。因此,

为保证船舶在口门区内的航行安全,这种水流的作用和影响必须控制在一定的范围内。对此,国内外学者对口门区的通航水流条件进行了大量的研究并提出了相应的限值要求。

1.2.1 国外研究及相关控制标准

苏联河运部规定:“对于大河,流量保证率为 10% ~20% 时,纵向分速不大于 2.0m/s,横向分速不大于 0.3m/s。”1966 年出版的苏联船闸设计规范规定:“在航道范围内,河流的最大纵向流速对Ⅰ、Ⅱ级水道(相应船舶吨级 5000 吨级、3000 吨级)不应大于 2.0m/s,对Ⅲ、Ⅳ级水道(相应船舶吨级 2000 吨级、

1000 吨级)不应大于 1.5m/s。对各级水道,在引航道直接入口断面处,垂直于航道直线的水流流速不应大于 0.25m/s,而在航道范围的引航道入口区不应大于 0.4m/s。"1980 年 1 月,苏联又颁布了新的挡土墙、船闸、过鱼及护鱼建筑物设计规范。该规范中有关船闸的设计部分对引航道及其与水库或河流相连区段内允许流速又作了相关规定,见表 1.2-1。

苏联船闸引航道及连接段水面最大流速限值表 表 1.2-1

航道	流速允许值(m/s)			
	引航道内		引航道与水库或河流相连区段内	
	纵向	横向	纵向	横向
超干线及干线	1.0	0.25	2.5	0.4
地方及地方小河	0.8	0.25	2	0.4

注:当水利枢纽处于最不利的水力情况和当下泄设计频率的最大流量时,对于超干线航道(相应船舶吨级 5000 吨级)不超过允许值的 2%,对于地方航道(相应船舶吨级 1000 吨级以下)不超过 5%。引航道与水库或河流相连区段内的流速不应超过允许值。

从苏联两个版本的规范对比情况来看,经过十几年的实践,随着船舶、船队性能的变化,1980 版规范规定得更加详细,一些允许值也有提高。在实际工程应用中,一些大型船闸的总体布置仍是通过模型试验来确定的。

美国陆军工程师团水道实验站进行了大量的船闸通航水流条件试验研究。在研究船闸通航水流条件时,主要依靠船模航行试验来判断口门区水流情况是否碍航。例如,通过研究表明,俄亥俄河上的贝利维尔船闸(通航船舶吨级 1000 吨级)下游引航道口门区纵向流速、横向流速及回流流速分别约达 2.07m/s、0.36m/s、0.4m/s 时,船舶航行上没有严重困难。美国通过"水电站泄流对船闸下游引航道流场影响"的研究,提出了航行条件的临界允许值:当回流长度为任意值时,回流流速应小于 0.3m/s;当回流长度小于船队长度一半时,回流流速应小于 0.61m/s。

美国陆军工程兵团工程师手册《浅水航道规划设计》(EM1110—2—1611)中提到,经验表明:涡流超过 1ft/s(0.305m/s)时是有害的,对船舶、船队航行影响的程度取决于涡流的强度和驾驶人员的经验。

联邦德国在确定综合水利枢纽位置的研究工作中,对河流的一般水流特征,特别是对影响船舶、船队进入船闸引航道的水流条件是非常重视的。为了合理确定引航道口门流态和研究减少引航道口门区横流的措施,联邦德国的联邦水工研究所进行了大量口门布置形式的模型试验,并在沿航线设轨移动的船舶模型上进行了船舶受力测试,从而找出了最优的口门布置。通过大量的试验研究,得出口门横向流速一般控制在0.3m/s左右时，对船舶航行影响不大。

综合国外在船闸通航水流条件方面的研究和实践，除苏联正式规定船闸引航道口门区的纵、横向流速外，其他国家都是通过模型试验来确定口门布置形式的，口门区横向流速一般都控制在0.3m/s左右。

1.2.2 国内研究情况

我国在船闸通航水流条件方面的研究方面起步较晚。20世纪70年代末、80年代初，为编制适合我国国情的船闸规范，相关单位曾做了大量的模型试验和实船试验研究。首先是围绕葛洲坝枢纽的通航问题进行了多项研究，并首次使用了小比尺自航船模，为论证和优选设计方案提供了科学依据。为了论证船闸规范总体篇中有关水流条件的规定，曾进行了专门的实船试验、水工模型试验和船模试验。实船试验先后进行了淮安实船试验和沱江猫猫寺实船试验，结果表明：在横向流速大于0.4m/s时，船队要进入引航道口门是困难的，因此认为横向流速的限值还应再小。1982年，为研究引航道口门区水流流态以及船队克服口门区横流的情况，并为编制船闸规范提供依据，南京水利科学研究所（现南科院）曾采用1/40的自航船模在同比尺的水工模型上进行了引航道口门区航行试验。试验结果认为：口门区横向流速不大于0.3m/s时，船队都能安全进出引航道口门。

自“七五”以来，为研究三峡工程通航建筑物的优化布置，有关科研单位进行了大量的试验研究工作。通过实船试验、水工模型试验和船模航行试验，对三峡工程通航水流条件，特别是对船闸引航道口门区的通航水流条件进行了深入细致的研究。为论证《船闸设计规范（第一篇　总体设计）》（试行）（JTJ 261—87）中的引航道口门区水面最大流速限值是否适用于三峡工程，交通运输部天津水运工程科学研究院（以下简称“天科院”）通过水工模型结合船模试验，认为纵向流速不大于2.0m/s、横向流速不大于0.3m/s作为三峡工程船闸引航道口门区水面最大流速限值也是适用的。同时认为，当口门区的横向流速超出允许值但超值及出现的范围较小时，对船队安全进出口门区的影响不大。

除三峡工程外，我国在其他一些大、中型水利枢纽的总体布置时，大多都通过模型试验来研究通航水流条件，确定船闸口门布置。天科院曾通过水工模型结合船模试验，对湘江大源渡枢纽、湘江株洲枢纽、汉江崔家营枢纽、长江葛洲坝枢纽、大运河韩庄枢纽等进行了口门区及口门外连接段通航水流条件研究。西南水运工程科学研究所（以下简称“西科所”）、长江科学院（以下简称“长科院”）也都进行过相关研究，取得了大量的研究成果。

1.2.3 国内相关标准简介

1987 年,交通部颁布实施的《船闸设计规范(第一篇 总体设计)》(试行)(JTJ 261—87)中,对船闸引航道口门区的流速、流态作了规定:在通航期内,引航道口门区的水面最大流速,应符合表 1.2-2 规定。同时规定,引航道中心线与河流或引河的主流流向之间的夹角不宜大于 25°。

引航道口门区水面最大流速限值表(m/s) 表 1.2-2

船闸等级	平行航线的纵向流速	垂直航线的横向流速	回流流速
Ⅰ~Ⅳ	≤2.0	≤0.30	≤0.40
Ⅴ~Ⅶ	≤1.5	≤0.25	

2001 年,交通部颁布实施了《船闸总体设计规范》(JTJ 305—2001),该规范是在《船闸设计规范(第一篇 总体设计)》(试行)(JTJ 261—87)的基础上修订而成。除继续延用表 1.2-2 的规定外,还规定了引航道、口门区和连接段中心线与河流或引河的主流流向之间的夹角不宜大于 25°。

我国以前制定的《内河通航标准》(包括 1963 年国家计委颁发的《全国内河通航试行标准》和 1990 年建设部颁布实施的《内河通航标准》(GBJ 139—90))中均未对船闸引航道口门区及连接段的通航水流条件作出规定。

2004 年,在建设部和国家质检局联合发布的《内河通航标准》(GB 50139—2004)、2014 年住房和城乡建设部发布的《内河通航标准》(GB 50139—2014)中,均引用了表 1.2-2 中的规定,并要求"船闸引航道口门外连接段与主航道的水流应平稳过渡,连接段的水流表面最大流速不应影响过闸船舶和船队的安全航行。"

1.3 口门区通航水流条件改善措施

针对改善船闸引航道口门区通航水流条件的工程措施,国内外科技工作者进行了大量研究,主要工程措施包括:调整导流堤长度和堤头型式、堤身开孔引流、导流堤外扩开孔、导流堤浮式结构、丁坝和潜坝挑流、口门区设置导流墩等。

1.3.1 国外采取的工程措施

国外导航墙(堤)墙头与墙身开孔是改善上游口门区水流条件的主要措施,墙头开孔,长度为 20~70m。联邦德国水工研究所、美国陆军工程兵团水道试验站,都十分重视口门区通航水流条件的研究。如德国摩赛尔河上的列门、方凯尔枢纽以及萨尔河上雷灵根壅水坝枢纽的船闸上游导航堤均采用了堤头开孔,能减弱回流强度和范围,从而获得满意的航行条件。

学者 J. W · 迪次和 B · 普丽娜在《船闸引航道口门区横向流速减小措施》一

文中,介绍了上游导堤堤头3种开孔型式及其作用,文中提到有的上游导航墙适当加18.0m的透水墙,能把堤头横向流速从实体时0.6m/s减少到0.1m/s,堤头局部范围的效果显著。

在《内河船闸附属设施结构设计和水力计算》一书中,提到了在封闭式(实体)导堤延长段上,做成透空隔墙,能将在船闸引航道与开敞河段和坝区河道连接处的不利回流和横向水流减小到航行所允许的限度。

由于河道流量和斜向流速不同,回流处的横向流速较大,甚至达1.0m/s。但当1000t船舶(队)以8km/h(即$v=2.22$m/s)的航速安全进入引航道时,横向流速应低于0.3m/s。因此,采用非连续透空隔堤能使横向流速减小到0.3m/s。要收到此效果,墩孔总剖面面积应为隔堤有效面积的0.4倍左右。另外,堤头至闸首墩孔的尺寸应渐减,即逐步缩小。美因河上的Krotzenburg船闸上游引航道导堤延长段的非连续透空堤,透空堤长56m,孔宽相同(墩中心间距4.5m),堤头处孔高2.56m,堤末端孔高1.56m,孔高顺水流方向逐渐缩小。

美国陆军工程兵团水道试验站,在研究口门区水流条件时,采用较长导堤范围内开孔,有较多的工程实践。例如:

(1)俄亥俄河上的贝利维尔枢纽船闸,为减少导航墙端部的横向流速,将船闸向右岸移的同时,调整导航墙透水孔面积,并在端部筑潜坝,使流速降低。

(2)阿肯色河上第3号枢纽船闸为改善口门区的航行条件,导航墙上均匀地开12孔,每个孔高6.1m。用降低通水孔底部河床高程的方法,拦截了部分流量,消除横向水流和减少上游护墙末端的冲刷。

(3)阿肯色河奥扎克枢纽船闸,在导航墙开11个孔,每个孔高7.6m。导航墙上开孔的同时,在端部前方相隔45m、61m、81m处筑3道潜坝,获得了满意的水流条件。

(4)默囊加希拉河上第4号枢纽船闸,为解决口门处横向水流,一是距导航墙490m处设一丁坝,将水流挑向河心,减小纵向流速;二是导航墙开13个孔,孔高5.03m、宽6.1m,孔顶高程低于上游正常水位3.66m。采取这些措施后,获得了较好的航行条件。

(5)沃希托河上的哥伦比亚枢纽船闸导航墙长165m,开11个孔,孔高5.2m、宽7.48m。拦截部分流量,改善了水流条件。

透空导航墙(堤)的工程实践中,德国有关工程透空墙长度较短,在15~60m,孔口高度是等间距、变高度。少数工程采用等高度、变间距。美国的船闸工程透空导航墙较长,达70~200m,孔口是等高度、等间距布置。

《美国浅水航道规划设计的工程师手册》一书提出:“孔口顶高程要在满载

驳船船底以下”的要求。由于底部流速增大，会减少导航墙内侧船闸引航道的淤积，防止船舶（队）被穿越孔口水流吸住，船体会撞击导航墙，影响航行。但在工程实践中，有的透空导航墙不符合这一要求，这说明孔口高度超过船舶吃水线是应引起注意的。

1.3.2 国内采取的工程措施

调整导流堤长度和堤头型式、堤身开孔引流、导流堤外扩开孔、导流堤浮式结构、丁潜坝挑流、口门区设置导流墩等工程措施在国内都得到了应用。

《铜鼓滩枢纽通航条件的试验研究》一文，曾对导流堤堤头型式进行试验研究，结果是流线型比圆柱型堤头好。同时，在导流堤底部每隔 3m 开 1 孔，每孔高 2.5m、宽 7.0m，透空式导堤能有效地改善口门区的流速流态。

《飞来峡水利枢纽下游引航道口门区通航条件改善途径的探讨》一文，针对下游引航道口门区通航条件的具体情况，提出将下游引航道堤头改为浮堤形式的方案。通过试验证明采用浮堤和相应的辅助设施，可以有效地减小口门区的回流强度并减少泥沙淤积，从而改善引航道口门区的通航条件。

《新政电航枢纽船闸引航道口门区通航条件研究》一文，针对原设计方案上游口门区不能满足安全通航要求的情况，提出将上引航道外导航墙由 180m 增长至 210m，并将其头部的直线段由实体结构改为透空式结构的修改方案。试验表明：修改方案改善了原方案在大中洪水流量情况下，船闸上引航道外导墙头部附近所出现的绕流流态及横向流速过大的情况。

《嘉陵江船闸透空式导航墙的研究及应用》一文，针对金溪航电枢纽下游引航道进行了不同透空型式外导墙的研究，从船闸下引航道外导墙直线段采用不同透空型式布置的试验结果看，透空高程为 289.70 ~ 302.40m，透空孔宽 5.5 ~ 6.6m，透空孔轴线与导航墙纵轴线的交角呈 45° ~ 60°（逆时针方向）的情况，可以较为有效地解决下引航道回流流速较大的问题，有利于减少下引航道内的泥沙淤积，在改善下引航道的通航水流条件方面，是较可取的一种布置方案。

《贵港航运枢纽船闸引航道口门区通航水流条件的研究》一文，研究了丁潜坝与导流堤外扩开孔对通航水流条件的影响。在导流堤透孔外扩的基础上，距导流堤堤头 860m 处加设一长 87m 的丁坝，丁坝设置后经丁坝的挑流作用，口门区处在缓流区，减小了水流的流速。但丁坝的长短影响口门区的水流条件、工程量及安全感，故希望丁坝尽量短，但是缩短后起不到应有的作用，为弥补这一不足，采取丁坝、潜坝结合的工程措施，丁坝、潜坝在同一轴线上，仅高程不同，潜坝高程 37.6m。实验确定的最佳丁潜坝长度为丁坝 58m、潜坝 60m。经试验检验，口门区水流条件很好，均满足通航水流条件的要求。

《草街航电枢纽通航建筑物布置与通航条件研究》一文，提出通过调整导流堤长度和堤身开孔可有效解决下游口门区通航水流条件问题，具体的工程措施是调整下引航道外导墙，将下引航道外导墙长度由初设方案的340m延长至460m，末端的100m导墙设定为透空式，开孔尺寸10m×5m，孔顶高程185.00m，开孔方向垂直水流方向。

《微弯分汊河段航电枢纽总体布置与通航条件优化试验研究》一文，针对株洲航电枢纽下游口门通航水流条件问题，通过在口门区布置菱形导流墩后，流量为15200m^3/s时，口门区内最大回流流速由设计方案的0.52m/s减小到0.30m/s，最大横向流速由设计方案的0.48m/s减小到0.32m/s，通航水流条件明显改善。

《改善大顶子山航电枢纽通航水流条件措施研究》一文，应用了导流墩的工程措施。经多组方案试验研究，在下游导流堤堤头下140m，航槽左侧20m处加设5个楔形导流墩，导流墩间距为30m、导流墩长40m、厚5m、高115.7m。导流墩有效地阻挡了水流在口门区及连接段的扩散，各级流量纵向流速和回流流速满足规范的要求，横向流速由于绝对值不大且范围小，基本上满足规范的要求。

国内采用透空导堤与导流墩改善措施的部分工程实例，见图1.3-1～图1.3-6。

图1.3-1　贵港航运枢纽上游透空导堤

图1.3-2　草街航电枢纽下游透空导堤

图 1.3-3 株洲航电枢纽下游导流墩

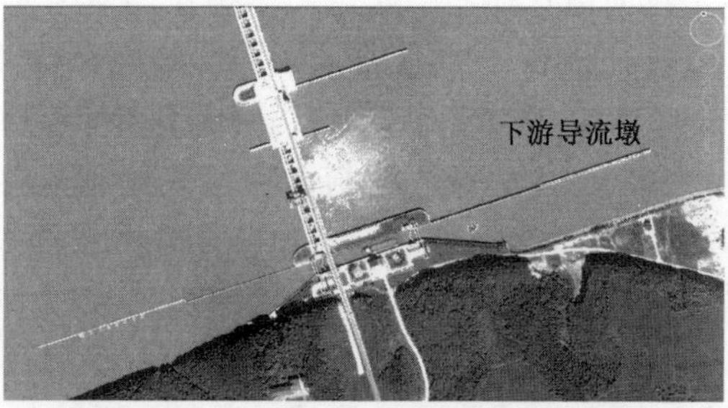

图 1.3-4 大顶子山航电枢纽下游导流墩

图 1.3-5 鱼梁航运枢纽上下游导流墩

图 1.3-6 长沙综合枢纽下游导流墩

1.3.3 各种改善措施的分析

由上面的叙述我们可以知道，改善船闸引航道口门区水流条件的措施有很多种，但是每种改善措施都有它的局限性。

在导流堤合适的位置开孔，使引航道水体与大面积相对稳定的水域相通，可以有效消减开孔附近引航道内水体的波动，加速波动的扩散和衰减。但开孔的高度超过船舶吃水线要引起注意。另外，导流堤开孔的角度对口门区水流条件的影响较大，角度过大，引水过多，引航道内导流堤边壁出现长条形泡水；角度太小不能起到引流压迫回流的作用，最好通过试验选取一个合理的开度。

导流堤的功能是将河道水体与引航道水体隔开，形成引航道的静水条件，保证船舶平稳、安全地进出船闸。但不是导流堤越长越好，导流堤长短与工程具体条件有关，要具体分析，最好通过模型试验优化。

浮堤的功能是将口门区的表流与河道主流区表流隔开，减弱表流对进入引航道船舶的影响；同时主流通过浮堤底部透过一部分水量进入口门区，以削弱航道口门区的回流强度，减小绕流梯度，减少泥沙淤积。但对浮堤的连接形式和水流冲击力等问题，还有待进一步研究。

导流墩是水科院郝品正等在湘江大源渡航电枢纽通航条件整体水工模型试验研究过程中，开发研究的导流建筑物，它具有结构新颖、导流效果好、实用、施工方便、节省投资等优点，为削弱引航道口门区的斜向水流问题开辟了一个新的途径。工程实践证明，采用导流墩改善口门区是成功的，近年来已得到了广泛应用，如湘江大源渡航电枢纽、株洲航电枢纽、长沙综合枢纽、松花江大顶子山航电枢纽、依兰航电枢纽和右江鱼梁航电枢纽等。

第2章　船闸引航道口门区流场理论与特征

2.1　船闸口门区及通航水流条件概念

2.1.1　船闸口门区概念

船闸口门区是指引航道分水建筑物头部以外一定长度的引航道口门宽度范围内的水域。这一概念的提出,是为保证船舶安全进出引航道,明确限定所需要达到的纵、横向流速标准和流态的水域范围。根据工程实践和试验研究成果得出这个水域范围的长度为:对于拖带船队,采用1.0~1.5倍船队长;对于顶推船队,采用2.0~2.5倍船队长。如葛洲坝大江、三江船闸上游引航道口门区长2.0~2.3倍设计船队长。淮安船闸的实船试验发现,当引航道口门外的流速较大时,拖带船队需经0.6~1.0倍船队长(6~10驳船长),顶推船队需经2.7倍船队长,才基本恢复正常队形进入口门。船模试验也表明,口门区长为2~2.5倍船队长,横向流速为0.25~0.3m/s时,船队才能正常航行。

我国船闸总体设计规范规定口门区的宽度应与引航道口门有效宽度相同,其长度应按设计最大船舶、船队确定,顶推船队采用2.0~2.5倍船队长,拖带船队采用1.0~1.5倍船队长,两种船队并有时,取大值。引航道口门区在通航建筑物中位置,见图2.1-1。

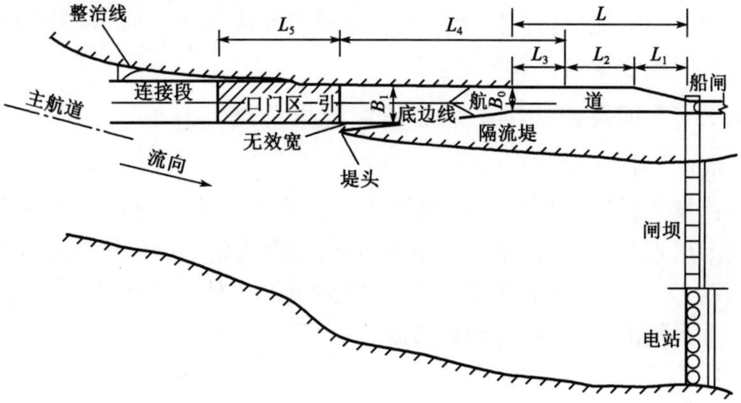

图2.1-1　引航道口门区示意图

2.1.2 口门区通航水流条件概念

通航建筑物引航道与河流、水库、湖泊中航道相连接的口门区，是过闸船舶进出引航道的必经之地，又是河流动水与引航道静水交界的水域，因此存在着垂直航线方向的横向流速、沿航线方向的纵向流速、回流，有时还会出现泡漩等流态。

当船舶航经该水域时，就会受到横向流速、纵向流速、回流等的作用和影响。为保证船舶航行的安全，这种水流的作用和影响必须控制在一定范围内。

通航水流条件就是指在通航期影响船舶在正常操作条件下安全过闸的水流要素。口门区通航水流条件是指为保证船舶在正常操作条件下安全过闸对口门区的区域范围、水流流速（纵向流速、横向流速、回流流速）、口门区范围内的波浪、泡漩等的限值要求。通航水流条件与船舶驾驶性能、建筑物布置等因素密切联系，既影响枢纽总体布置和工程总投资，又影响船闸的通过能力和船舶过闸安全通畅，是船闸设计与建设中的一个关键问题。

2.2 口门区流场理论分析

船闸引航道口门区的水流结构主要是回流和斜流，对于船闸下游口门区，其水流结构的形成主要是因水流的突然扩散，若把引航道内水体近似成静止不动的情况，并且引航道长度足以使水流平顺过渡的情况下，船闸引航道口门区水流可以近似看作单侧突扩水流。单侧突扩水流与丁坝绕流也有相似之处，单侧突扩水流可以看作是丁坝宽度无限大的极限情况。对于单边突扩水流作用下流场以及丁坝下游回流理论，前人已进行过大量研究，本节通过对已有研究成果的总结，选取较为典型的单侧突扩水流回流和丁坝回流长度计算公式进行对比分析，并通过比较船闸引航道口门区回流与丁坝回流和单侧突扩水流的异同，确定引航道口门区回流长度的计算公式。

2.2.1 丁坝及单边突扩水流研究成果总结

2.2.1.1 回流研究

当水流发生局部变形（收缩、扩散等）时，会产生水流分离的现象。在水流的分离面上出现摩擦力，在摩擦力的作用下，分离面附近的水体将随着主流一起向下游运动，为了填补留下来的空隙，边壁附近的水体必将流进来补充，这样就形成了一个封闭的水流系统，称为回流。

2.2.1.2 回流区水流结构

吴小明、谢宇峰曾在长 16m、宽 0.50m、高 0.50m 的活动玻璃水槽上进行了一系列模拟试验，对单侧突扩水流进行研究。在水槽的上游用塑料板将水槽隔成宽度为B_0（B_0是可调的）的明渠，造成水流由B_0突然扩宽至B（$B=0.50\mathrm{m}$）的水流形态。这样，对于不同尺度的上游宽度B_0，可以在水流突扩一侧形成不同尺度的平面回流。他们采用流速测量、流线观测、流场显示等手段，多次观测了不同尺度回流的水流流态，发现在主流与回流之间存在一个水流紊动强烈的过渡区，主流与回流在此发生了急剧的动量与水体的交换。在过渡区的上段，水体混掺的主要方式是以高速下泄的主流将回流区相对静止的水体以小漩涡的形式“吸入”到主流的运动水流中去；而在过渡区的下段，水流混掺的主要方式是主流区水体以阵发性大尺度漩涡将水体“送入”到回流中去。

要严格地在过渡区里划分出回流与主流的分界线是比较困难的，幸好回流区中的一条流速特征线可在一定程度上说明回流的尺度。在这条线上，水流纵向流速为零，称为零值线。以零值线为参考，可以将单侧突扩水流划分为三个区，即顺流区、回流负流区及次生回流区。以前的研究多认为零值线是一条斜直线，试验中采用小型流速仪寻找纵向流速为零的点，根据多次观测发现，零值线实际上是一条上凹的微弯曲线，靠上游部分比较接近直线，它与水槽纵向夹角一般为6°~10°。

2.2.1.3　回流长度

回流长度是说明回流尺度的一个重要指标。水流绕过船闸导流堤、河道丁坝等建筑物后过水断面突然放大，水流因分离形成了狭长的回流区。正确估计回流区的长度，对预估工程效果有重要意义。受水流波动影响，回流区的范围变化，相关研究以试验数据为依据或在一定的假设下得出回流长度的经验公式。

(1)贝可夫(B. M. BИKOB)计算公式

贝可夫(B. M. BИKOB)对沿程压力变化和切应力做了若干假定，根据动量原理得到回流长度的计算公式：

$$\frac{L}{B-L}=\frac{\lg\dfrac{u_b}{u_B}-\dfrac{1}{2}\lg\dfrac{B}{b}}{(\lambda_\omega+\kappa^2)\dfrac{1}{2\alpha_0}\lg\dfrac{B}{b}+\dfrac{\lambda_b}{4.6\alpha_0 H}(B-b)}$$

若不计边壁的阻力，水深不变，动量系数$\alpha=1.1$，由实验得$\kappa=0.255$，上式可以简化为：

$$L=\frac{B-b}{0.103+0.398\dfrac{\lambda_b}{H}\dfrac{(B-b)}{\lg B-\lg b}}$$

式中：λ_b——系数；

$\lambda_b = g/c^2$。

(2)窦国仁计算公式

窦国仁根据动量方程，推得丁坝回流区长度的计算公式如下：

$$L = \frac{C_0^2 H}{1 + \frac{12D}{C_0^2 H}}\left(1 + \ln\frac{B}{B - D}\right)$$

(3)乐培九计算公式

乐培九等根据矩形水槽试验资料得出均匀流条件下的丁坝回流长度的计算公式：

$$L = 160\left(\frac{1}{1 - 0.5\eta}\right)^2 \eta^{0.5}\left(\frac{h^{1/6}}{n}\right)^{1.1} Re^{-0.44} h$$

(4)付国岩计算公式

付国岩等根据水槽试验资料得到一侧突扩水流回流长度的经验计算公式：

$$L = 4.2(B - b)\left(\frac{B}{b}\right)\left(\frac{H_B}{H_b}\right) Fr^{0.32}$$

(5)程天金、谢葆玲公式

程天金、谢葆玲等通过水槽试验，对影响回流长度的诸因素进行曲线拟合，得到了单边突扩回流长度的经验公式：

$$L = 3.5\frac{B}{B_0}\left(B - \frac{B_0}{2}\right) Fr_0^{0.25}\left(\frac{h}{B_0}\right)^{0.012}$$

(6)李国斌、韩信公式

李国斌、韩信从二维水深平均水流运动方程出发，并对一些因素如主回流紊动切应力、主流流速横向分布规律、紊动粘滞系数等做了与前人不同的假定，推导出了非淹没丁坝下游回流长度的计算公式：

$$L = \frac{C_0^2 h \ln\frac{A}{A - A'}}{k_b + k_c C_0^2 \frac{H}{b}\ln\frac{B}{B - b}}$$

对于矩形河道，上式可转化为：

$$L = \frac{C_0^2 h \ln\frac{B}{B - b}}{k_b + k_c C_0^2 \frac{H}{b}\ln\frac{B}{B - b}}$$

这些计算回流长度的经验公式都是在一定的实验条件下得到的，都有自己的适用范围，本书研究的是引航道口门区的回流，它与丁坝的回流和一侧突扩的回流有一定差别，本书将通过试验的实测数据资料，分析各因素对回流长度的影响，推导出适用于计算引航道口门区回流长度的计算公式。

2.2.1.4　回流段流速场

《单边突扩浅水回流水流结构研究》中，程天金和谢葆玲根据试验所观察到的现象，分析水流运动机理，将单边突扩水流分为正向流区和反向流区。两区交界的零速度线，可近似看作直线。x 轴与进口断面中心线一致，y 轴指向回流区，x 轴零点在进口断面上。通过实测资料分析发现，正向垂线平均流速在 x 方向的分量沿横向分布，在 x 方向呈自相似性。

陆永军等通过对丁坝下游回流区流速场的研究，发现丁坝下游回流区流速分布也呈自相关性。

2.2.2　单边突扩水流回流长度计算公式分析

2.2.2.1　程天金、谢葆玲公式

该公式是根据试验数据拟合出的计算单侧突扩水流回流长度的计算公式，具体推导过程如下：从能耗最小的原理出发，假定对于突然扩大的水流运动，水流将以能量最小的方式扩散至下游两岸，主回流交界线将以能耗最小的方式实现最优化，其物理模型如图 2.2-1 所示。

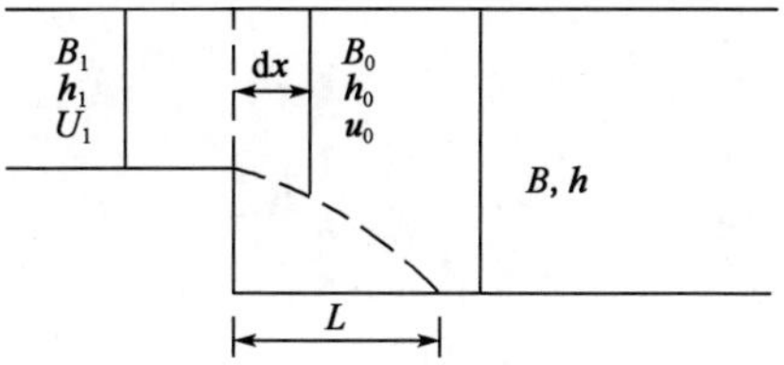

图 2.2-1　程天金、谢葆玲公式回流尺度分析图

在 $\mathrm{d}x$ 范围内，局部水头损失 $\mathrm{d}h_f$ 由突然扩大的公式计算，沿程水头损失 $\mathrm{d}h_j$ 由曼宁公式计算，并假定局部水头损失不变，则在回流长度范围内总能量损失为：

$$H_L = \int_0^L \mathrm{d}h_f + \mathrm{d}h_j = \int_0^L \left[\frac{\varepsilon}{g} \frac{Q^2}{B_1 h_1} \left(\frac{1}{B_0^2 h_0} \frac{\mathrm{d}h}{\mathrm{d}x} + \frac{1}{B_0^2 h_0} \frac{\mathrm{d}B}{\mathrm{d}x} + \frac{Q^2}{g C_0^2 B_0^2 h_0^2} \right) \right] \mathrm{d}x \tag{2.2-1}$$

主流作为总体考虑，水深的变化可由渐变流方程给出，能量损失最小，也即使泛函取得极值，对式(2.2-1)进行变分，可得：

$$\frac{\varepsilon Q^2}{gB_1h_1}\left(\frac{1}{B_0h_0^2}\frac{\mathrm{d}h}{\mathrm{d}x}+\frac{1}{B_0^2h_0}\frac{\mathrm{d}B}{\mathrm{d}x}\right)+\frac{Q^2}{gC_0^2B_0^2h_0^2}-\frac{\varepsilon Q^2}{gB_1h_1}\frac{\mathrm{d}B}{\mathrm{d}x}\left[\frac{1}{B_0^2h_0}+\frac{\frac{Q^2}{g}(1-\xi)\frac{1}{B_0^2h_0^2}}{1-\frac{Q^2}{g}(1-\xi)\frac{1}{B_0^2h_0^2}}\right]=0$$

(2.2-2)

根据试验资料，水深沿程变化很小，近似取 $\mathrm{d}h/\mathrm{d}x=0$，$h_0\approx h\approx h_1$，上式变为：

$$\frac{\xi Q^2}{gB_1h_1}-\frac{\frac{Q^2}{g}(1-\xi)\frac{1}{B_0^4h_0^4}\frac{\mathrm{d}B}{\mathrm{d}x}}{1-\frac{Q^2}{g}(1-\xi)}=\frac{Q^2}{gC_0^2B_0^2h_0^2} \tag{2.2-3}$$

边界条件：

$$\begin{aligned}&x=0 \quad B=B_1 \quad h_0=h \quad Fr=Fr_0\\&x=L_1 \quad B=B \quad h_1=h \quad Fr=Fr_1\end{aligned} \tag{2.2-4}$$

由式(2.2-2)～式(2.2-4)可得：

$$\begin{aligned}L&=\frac{c_0^2\xi\sqrt{1-\xi}Fr_0h}{2}\left(\ln\frac{1+\sqrt{1-\xi}Fr_0}{1-\sqrt{1-\xi}Fr_0}-\ln\frac{1+\sqrt{1-\xi}Fr_1}{1-\sqrt{1-\xi}Fr_1}\right)\\&=f(C_0,\xi,h,Fr_0,Fr_1)\end{aligned} \tag{2.2-5}$$

$$C_0=\frac{1}{\sqrt{g}}\frac{1}{n}R^{1/6}$$

式中：n——糙率；

R——水力半径。

$$Fr_1=\frac{Q}{Bh\sqrt{gh}}=\frac{Q}{KB_1h\sqrt{gh}}=\frac{1}{K}Fr_0$$

式中：$\frac{B}{B_1}=K$。

据 Skogerboe 研究，局部水头损失系数 ξ 与展宽比 B/B_{01} 成正比，所以影响回流长度的因素为：回流长与 n 成反比，与 Fr_0、B/B_1、h 成正比。

根据实测资料，依据前面分析的影响回流长度的因素进行曲线拟合，得出回流长度 L 的计算公式：

$$L = 3.5\frac{B}{B_1}\left(B - \frac{B_1}{2}\right)Fr_0^{0.25}\left(\frac{h}{B_1}\right)^{0.012} \tag{2.2-6}$$

式中：$B/B_1 = 1.12 \sim 2$；

$Fr_0 = 0.078 \sim 0.621$；

水深 $h = 3.16 \sim 28.94\text{cm}$。

公式使用范围较广，具有适用性。

2.2.2.2　付国岩计算公式

单侧突扩水流回流长度付国岩计算公式的物理模型，如图 2.2-2 所示。公式的具体推导过程如下：

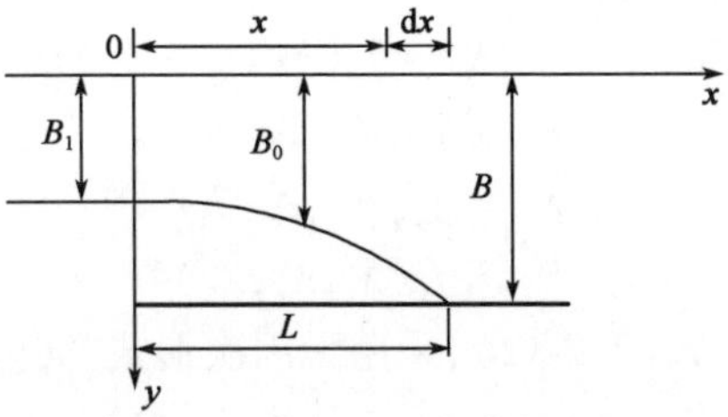

图 2.2-2　付国岩公式回流尺度分析图

取行径流区的微元 dx 来分析，其动量方程与连续方程为：

$$\rho_m Q\mathrm{d}v = \gamma_m B_0 hJ\mathrm{d}x - \tau_0 B_0\mathrm{d}x - \tau_c h\mathrm{d}x - \tau_i h\mathrm{d}x \tag{2.2-7}$$

$$Q = B_0 hv \tag{2.2-8}$$

式中：Q——流量；

B_0——x 处行径流的宽度；

v——行径流断面平均流速；

J——水面比降；

h——水深；

τ_0——底部混水切应力；

τ_c——边壁混水切应力；

τ_i——交界面混水切应力。

其中：

$$J = k_1\frac{v^2}{gL} \qquad \tau = \frac{\lambda}{4}\frac{\rho_m v^2}{2}$$

整理后得：

$$\frac{\mathrm{d}v}{v} = \left(\frac{k_1}{L} - \frac{\lambda_0}{8h} - \frac{\lambda_i}{8B_0} - \frac{\lambda_j}{8B_0}\right)\mathrm{d}x \tag{2.2-9}$$

由试验资料分析，行径流宽度 B 与流程 x 的关系近似地用二次幂函数表示：

$$B_0 = B_1 + b(x/L)^2 \tag{2.2-10}$$

将其代入上式，整理后积分，得回流长度表达式：

$$L = \frac{8[k_1 + \ln(Bh_1/B_1h_0)]}{\frac{\lambda}{h} + \frac{\lambda_i + \lambda_c}{\sqrt{B_1(B-B_1)}}\arctan\sqrt{\frac{B-B_1}{B_1}}} \tag{2.2-11}$$

上式可以写为如下参数函数式：

$$\frac{L}{b} = f_1\left(\frac{B}{B_1},\frac{h_1}{h_0},\frac{h}{h_0},k_1,\lambda_0,\lambda_c,\lambda_i\right) \tag{2.2-12}$$

上式的参数可以表示为：

$$\begin{aligned} \lambda_i &= f_2(Fr) \\ \lambda_c &= f_3(R_{iu},\Delta c/h) \\ \lambda_0 &= f_4(R_{iu},\Delta_0/h) \\ R_1 &= f_5(\lambda_i,\lambda_c,\lambda_0) \end{aligned} \tag{2.2-13}$$

将式(2.2-13)代入式(2.2-12)，采用无因次形式，回流长度的表达式为：

$$\frac{L}{b} = f_6(B/B_1,h_1/h_0,Fr,F_{iu},\Delta c/h,\Delta_0/h) \tag{2.2-14}$$

通过试验结果可知，突扩高含沙水流的回流长度大于相应条件下的一般水流的回流长度。为适应一般情况，先求出低含沙时的表达式，然后予以修正。由于试验条件限制无法考虑相对糙率的影响。

由实测资料分析得回流长度 L 经验表达式为：

$$L = 4.2b\left(\frac{B}{B_1}\right)\left(\frac{h_1}{h_0}\right)Fr^{0.32} \tag{2.2-15}$$

$$Fr = \frac{v_0}{\sqrt{gh_0}}$$

2.2.3 丁坝回流长度计算公式分析

非淹没丁坝回流长度的计算公式采用李国斌、韩信公式进行分析，其公式推导过程如下：

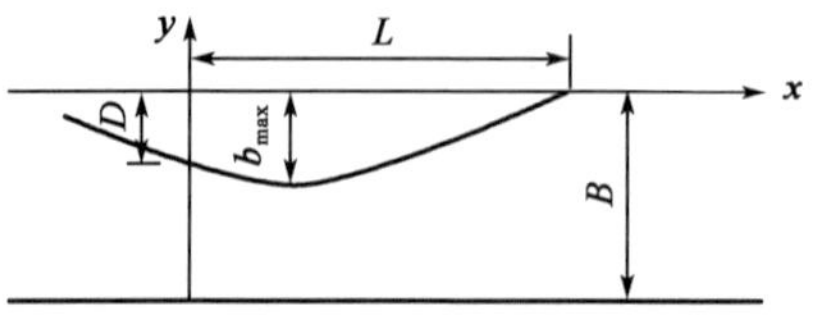

图 2.2-3 丁坝下游回流区范围计算示意图

如图 2.2-3 所示，水流绕过坝长为 D 的丁坝后，将在丁坝下游三分之一回流长度处形成收缩断面，此处主流最窄，回流宽度最大，然后主流扩散，主流宽度逐渐增大至回流末端，主流宽度达到最大值，而回流宽度变为零。绕过非淹没丁坝的水流，其运动方式可用恒定二维水深平均水流运动方程组描述。

$$\frac{\partial hu}{\partial x}+\frac{\partial hv}{\partial y}=0 \tag{2.2-16}$$

$$u\frac{\partial u}{\partial x}+v\frac{\partial u}{\partial y}=-g\frac{\partial z}{\partial x}+\frac{\partial}{\partial x}\left(\nu_t\frac{\partial u}{\partial x}\right)+\frac{\partial}{\partial y}\left(\nu_t\frac{\partial u}{\partial y}\right)-\frac{u(u^2+v^2)^{1/2}}{C_0^2h} \tag{2.2-17}$$

$$u\frac{\partial v}{\partial x}+v\frac{\partial v}{\partial y}=-g\frac{\partial z}{\partial y}+\frac{\partial}{\partial x}\left(\nu_t\frac{\partial v}{\partial x}\right)+\frac{\partial}{\partial y}\left(\nu_t\frac{\partial v}{\partial y}\right)-\frac{v(u^2+v^2)^{1/2}}{C_0^2h} \tag{2.2-18}$$

式中：u——垂线平均流速在 x 方向的分速度，m/s；

v——垂线平均流速在 y 方向的分速度，m/s；

h——垂线水深，m；

ν_t——紊动粘性系数，m^2/s；

C——谢才系数，$m^{1/2}/s$，$C=\frac{1}{n}R^{1/6}$；

g——重力加速度，m/s^2。

李国斌、韩信等对上述流动做了以下假定：

(1)丁坝下游流场时均横向流速为0；

(2)横向切应力 $\nu_t\frac{\partial u}{\partial y}$ 比 $\nu_t\frac{\partial v}{\partial x}$ 大很多，即：

$$\nu_t\frac{\partial u}{\partial y}\gg\nu_t\frac{\partial v}{\partial x}$$

(3)紊动粘性系数正比于表征大尺度紊流的特征长度和特征速度，即：

$$\nu_t=C_1uy \qquad (0\leqslant y\leqslant B_x)$$

(4)丁坝及以下断面上垂线平均流速的横向分布能以椭圆分布表示：

$$\frac{u^2}{(u_{\max})^2}+\frac{y^2}{(B_x)^2}=1 \qquad (0\leqslant y\leqslant B_x)$$

最终得出丁坝后回流长度表达式为(矩形断面)：

$$L=\frac{C_0^2h\ln\frac{B}{B_1}}{k_b+k_cC_0^2\frac{h}{b}\ln\frac{B}{B_1}} \tag{2.2-19}$$

式中：$B_1=B-b$。

根据窦国仁的试验资料，进行相关分析以确定参数，公式变为：

$$L = \frac{13.66C_0^2 h\ln\dfrac{B}{B_1}}{2 + C_0^2\dfrac{h}{b}\ln\dfrac{B}{B_1}}$$

上式即为计算矩形河道丁坝断面回流长度的计算公式。

2.2.4 回流长度计算公式比较

2.2.4.1 回流长度随 B/b 的变化

由图 2.2-4 可以看出：程天金、谢葆玲计算公式与付国岩计算公式的计算结果比较接近，趋势相同，回流长度均随 B/b 的增大而增大，而李国斌、韩信计算公式结果的趋势与其相反，回流长度随 B/b 的增加而减小。这主要是因为程天金、谢葆玲公式与付国岩公式是计算单侧突扩水流的计算公式，回流的形成是由于水流的突然扩散引起的；而李国斌、韩信的公式是计算丁坝回流长度的计算公式，在水流中设置丁坝以后，水流的流速场和压力场都要发生变化，流动呈高度的三维性。丁坝上游形成壅水和收缩，下游则类似骤然扩大。受丁坝阻挡的水流，一部分绕坝头而下，另一部分则沿上游坝面下潜转向绕过坝头下泄，就时均流场而言，有一直保持前进运动的主流区和具有闭合流线的回流区。由于其形成机理不同，所以产生上述不同趋势。

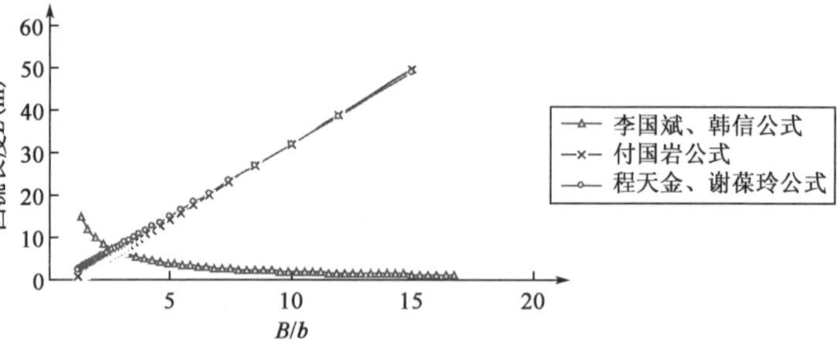

图 2.2-4 回流长度随 B/b 的变化

2.2.4.2 回流长度随水深的变化

由图 2.2-5 可以看出回流长度随水深的变化趋势，程天金、谢葆玲计算公式与付国岩计算公式计算结果的趋势相同，随着水深的增加，回流长度减小，但付国岩计算公式的计算结果要比程天金、谢葆玲计算公式的计算结果小，这主要是因为试验条件不同所造成的；而李国斌、韩信计算公式结果的趋势与其相反，回流长度随水深的增加而增加，但增加趋势不明显。另外，趋势的不同是因为回流的形成机理不同而造成的。

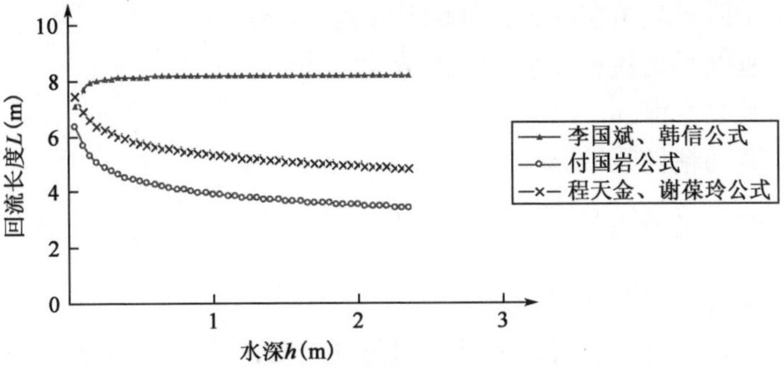

图 2.2-5 回流长度随水深的变化

2.2.5 船闸引航道口门区回流理论模式

船闸引航道口门区水流虽与单侧突扩水流和丁坝绕流不同,但有相似之处,单侧突扩水流可以看作是丁坝宽度无限大的极限情况,船闸引航道口门区水流可以看作正挑丁坝勾长部分近似无限长的情况,若把引航道内水体近似成静止不动的情况,并且引航道长度足以使水流平顺过渡的情况下,船闸引航道口门区水流可以近似看作单侧突扩水流,其回流的形成也是由于水流的突然扩散。

船闸引航道口门区水流结构示意见图 2.2-6,回流长度计算模式如下。

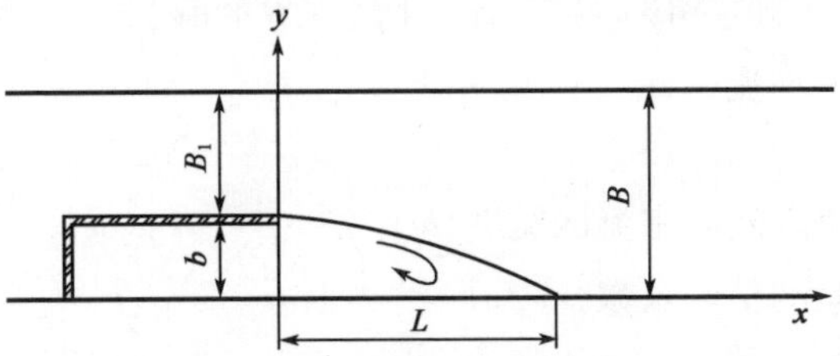

图 2.2-6 船闸引航道口门区水流结构示意图

绕过堤头的水流运动,用恒定二维垂线平均水流运动方程组描述:

$$\frac{\partial hu}{\partial x}+\frac{\partial hv}{\partial y}=0 \tag{2.2-20}$$

$$u\frac{\partial u}{\partial x}+v\frac{\partial u}{\partial y}=-g\frac{\partial z}{\partial x}+\frac{\partial}{\partial x}\left(\nu_t\frac{\partial u}{\partial x}\right)+\frac{\partial}{\partial y}\left(\nu_t\frac{\partial u}{\partial y}\right)-\frac{u(u^2+v^2)^{1/2}}{C_0^2h} \tag{2.2-21}$$

$$u\frac{\partial v}{\partial x}+v\frac{\partial v}{\partial y}=-g\frac{\partial z}{\partial y}+\frac{\partial}{\partial x}\left(\nu_t\frac{\partial v}{\partial x}\right)+\frac{\partial}{\partial y}\left(\nu_t\frac{\partial v}{\partial y}\right)-\frac{v(u^2+v^2)^{1/2}}{C_0^2h} \tag{2.2-22}$$

式中：u——垂线平均流速在 x 方向的分速度，m/s；

v——垂线平均流速在 y 方向的分速度，m/s；

h——垂线水深，m；

ν_t——紊动粘性系数，m^2/s；

C——谢才系数，$m^{1/2}/s$，$C = \frac{1}{n}R^{1/6}$；

g——重力加速度，m/s^2。

考虑到船闸引航道口门区下游纵向流速远远大于横向流速，故在研究回流长度时，横向流速可忽略不计，又因为紊动切应力 $\nu_t \frac{\partial u}{\partial y}$ 一般比 $\nu_t \frac{\partial v}{\partial x}$ 大得多，因此可以略去式(2.2-22)，并将式(2.2-21)简化为：

$$u\frac{\partial u}{\partial x} = -g\frac{\partial z}{\partial x} + \frac{\partial}{\partial y}\left(\nu_t \frac{\partial u}{\partial y}\right) - \frac{u^2}{C_0^2 h} \tag{2.2-23}$$

将式(2.2-23)沿 y 方向积分，并沿河宽取平均值：

$$\frac{1}{B_x}\int_0^{Bx} u\frac{\partial u}{\partial x}\mathrm{d}y = -\frac{1}{B_x}\int_0^{Bx}\frac{1}{g}\frac{\partial z}{\partial x}\mathrm{d}y + \frac{1}{B_x}\int_0^{Bx}\frac{\partial}{\partial y}\left(\nu_t\frac{\partial u}{\partial y}\right)\mathrm{d}y - \frac{1}{B_x}\int_0^{Bx}\frac{u^2}{C_0^2 h}\mathrm{d}y$$

$$u\frac{\mathrm{d}u}{\mathrm{d}x} = -g\frac{\mathrm{d}z}{\mathrm{d}x} - \frac{u^2}{C_0^2 h} + \frac{1}{B_x}\nu_t\frac{\mathrm{d}u}{\mathrm{d}y}\bigg|_0^{B_x} \tag{2.2-24}$$

式中：u——断面平均流速，m/s；

z——断面平均水深，m；

B_x——除回流以外的主流区宽度，m；

ν_t——横向紊动粘性系数，m^2/s；

C_0——以断面平均水深计算的无量纲谢才系数 $C_0 = \frac{C}{\sqrt{g}}$。

式(2.2-24)与一般的一维水流运动方程组不同之处是多了一项紊动切应力项，而此项需要给予适当的假定。

紊动粘性系数正比于表征大尺度紊动的特征长度和特征速度，船闸引航道口门区下游主回流交界线处紊动强烈，此值比较大，为此假设：

$$\nu_t = C_1 u y \qquad (0 \leqslant y \leqslant B_x) \tag{2.2-25}$$

式中：C_1——待定系数；

u——特征速度；

y——特征长度，即横向距离。

导流堤下游垂线平均流速的横向分布，可用椭圆分布表示：

$$\frac{u^2}{(u_{\max})^2}+\frac{y^2}{(B_x)^2}=1 \qquad (0\leqslant y\leqslant B_x) \tag{2.2-26}$$

式中：$u_{\max}$——断面最大平均流速。

由式(2.2-26)得：

$$\frac{\partial u}{\partial y}=-\frac{y}{u}\left(\frac{u_{\max}}{B_x}\right)^2 \tag{2.2-27}$$

将式(2.2-25)、式(2.2-27)代入式(2.6.24)得：

$$u\frac{\mathrm{d}u}{\mathrm{d}x}=-g\frac{\mathrm{d}z}{\mathrm{d}x}-\frac{u^2}{C_0^2h}-\frac{C_1u_{\max}^2}{B_x} \tag{2.2-28}$$

又由式(2.2-26)得：

$$u=\frac{1}{B_x}\int_0^{Bx}u\mathrm{d}y=\frac{1}{4}u_{\max}\pi$$

所以：

$$u_{\max}=\frac{4u}{\pi} \tag{2.2-29}$$

将式(2.2-29)代入式(2.2-28)得：

$$u\frac{\mathrm{d}u}{\mathrm{d}x}=-g\frac{\mathrm{d}z}{\mathrm{d}x}-\frac{u^2}{C_0^2h}-\frac{16C_1u^2}{\pi^2B_x} \tag{2.2-30}$$

令：

$$\frac{16C_1}{\pi^2}=C_2$$

则式(2.2-30)为：

$$u\frac{\mathrm{d}u}{\mathrm{d}x}=-g\frac{\mathrm{d}z}{\mathrm{d}x}-\frac{u^2}{C_0^2h}-\frac{C_2u^2}{\pi^2B_x} \tag{2.2-31}$$

令：

$$-g\frac{\mathrm{d}z}{\mathrm{d}x}=\frac{C_3u^2}{C_0^2h}\frac{x}{L} \tag{2.2-32}$$

将式(2.2-32)代入式(2.2-31)，两边除以 u^2，并积分得：

$$\int_0^l\frac{1}{u}\mathrm{d}u=\frac{1}{C_0^2h}\int_0^L\left(-1+C_3\frac{x}{L}\right)\mathrm{d}x-C_2\int_0^l\frac{1}{B_x}\mathrm{d}x \tag{2.2-33}$$

为了求解上式，必须知道回流长度范围内 B_x 的变化规律，根据模型试验观察，导流堤口门区的回流为三角形分布，即假定 B_x 在[0,1]上线性变化，即：

$$B_x=B_1+(B-B_1)\frac{x}{L} \qquad (0\leqslant x\leqslant L) \tag{2.2-34}$$

所以

$$\ln u\,|_0^L = \frac{1}{C_0^2 h}\left(-1+\frac{C_3}{2}\right)L - \frac{C_2 L}{B-B_1}\ln\frac{B}{B_1} \tag{2.2-35}$$

对于矩形断面：

在 $x=0$ 处，$U=\dfrac{Q}{(B-b)H}$

$x=L$ 处，$U=\dfrac{Q}{BH}$

将其代入式(2.2-35)，并令 $k_b = 1-\dfrac{C_3}{2}$，$C_2 = k_c$

则有：

$$L = \frac{C_0^2 H \ln\dfrac{B}{B_1}}{k_b + k_c C_0^2 \dfrac{H}{B-B_1}\ln\dfrac{B}{B_1}} \tag{2.2-36}$$

上式即为矩形断面导流堤下游口门区不设导流墩情况下回流长度的计算公式。由式(2.2-36)可以看出，水深一定的情况下，回流长度主要与河道的展宽比 $\dfrac{B}{B_1}$ 有关，随展宽比的增大，回流长度增加。公式中的参数需通过试验数据确定。(注：本章所有表达式中 B 均为河宽，b 代表引航道口门宽度或丁坝长度或突扩水流的压缩段长度)

2.3 引航道口门区水流特征数学模型计算

随着计算机技术的飞速发展和数值计算水平的提高，数值模拟已成为研究河道工程水力学的重要研究手段。本节通过建立船闸引航道口门区二维水流模型，重点研究分析引航道口门区不同展宽比、水深、流速对回流区长度的影响规律，确定回流长度计算公式参数。

2.3.1 二维水流模型基本方程

描述船闸引航道口门区水流的平面二维水流运动的基本方程如下：

$$\frac{\partial \zeta}{\partial t} + \frac{\partial uH}{\partial x} + \frac{\partial vH}{\partial y} = 0 \tag{2.3-1}$$

$$\frac{\partial u}{\partial t} + u\frac{\partial u}{\partial x} + v\frac{\partial u}{\partial y} - fv = -g\frac{\partial \zeta}{\partial x} - \frac{\tau_x}{\rho H} + \gamma\frac{\partial^2 u}{\partial x^2} + \gamma\frac{\partial^2 u}{\partial y^2} \tag{2.3-2}$$

$$\frac{\partial v}{\partial t} + u\frac{\partial v}{\partial x} + v\frac{\partial v}{\partial y} + fu = -g\frac{\partial \zeta}{\partial y} - \frac{\tau_y}{\rho H} + \gamma\frac{\partial^2 v}{\partial x^2} + \gamma\frac{\partial^2 v}{\partial y^2} \tag{2.3-3}$$

式中：　ζ——水位，m；

d——水深，m；

$H=\zeta+d$——总水深，m；

u——x 向流速，m/s；

v——y 向流速，m/s；

f——科氏参量，s^{-1}；

ρ——水的密度，kg/m^3；

$\tau_x=\rho g\frac{\sqrt{u^2+v^2}}{C^2}u$——$x$ 向底部切应力，N/m；

$\tau_y=\rho g\frac{\sqrt{u^2+v^2}}{C^2}v$——$y$ 向底部切应力，N/m；

$C=\frac{1}{n}H^{1/6}$——谢才系数，$m^{1/2}/s$；

n——曼宁糙率系数；

γ——紊动粘性系数 m^2/s。

2.3.2　ADI数值计算方法

对二维水流方程的差分采用ADI法，所采用的网格为交错网格。基本方程离散时，流速、水位和水深在网格中应交错排列。

水流方程的离散和数值求解应按下列步骤进行：

(1)将一个时间步长 Δt 分为两个半步长，在每半个时间步长内，计算水位和 x 向流速、y 向流速。

(2)在 $n\Delta t\rightarrow\left(n+\frac{1}{2}\right)\Delta t$ 内，将水流方程离散为式(2.3-4)、式(2.3-5)和式(2.3-6)，计算时先将式(2.3-4)与式(2.3-5)联立，采用追赶法按 x 方向逐行求解 $u^{n+1/2}$ 和 $h^{n+1/2}$，然后利用式(2.3-6)逐点求出 $v^{n+1/2}$。

$$AZ_1u_{i-1/2,j}^{n+1/2}+BZ_1h_{i,j}^{n+1/2}+CZ_1u_{i+1/2,j}^{n+1/2}=DZ_1 \tag{2.3-4}$$

$$AU_1h_{i,j}^{n+1/2}+BU_1u_{i+1/2,j}^{n+1/2}+CU_1h_{i+1,j}^{n+1/2}=DU_1 \tag{2.3-5}$$

$$v_{i,j+1/2}^{n+1/2}=\frac{FV_1}{EV_1} \tag{2.3-6}$$

式中：$AZ_1=-\frac{\Delta t}{2\Delta x}+h_{i-1/2,j}^{n}$

$BZ_1=1$

$$CZ_1 = \frac{\Delta t}{2\Delta x} + h^n_{i+1/2,j}$$

$$DZ_1 = h^n_{i,j} - \frac{\Delta t}{2\Delta y}(h^n_{i,j+1/2}v^n_{i,j+1/2} - h^n_{i,j-1/2}v^n_{i,j-1/2})$$

$$AU_1 = -\frac{\Delta t}{2\Delta x}g$$

$$BU_1 = 1 + \frac{\Delta t}{4\Delta x}(u^n_{i+3/2,j} - u^n_{i-1/2,j})$$

$$CU_1 = \frac{\Delta t}{2\Delta x}g$$

$$DU_1 = u^n_{i+1/2,j} - \frac{\Delta t}{4\Delta y}v^n_{i+1/2,j}(u^n_{i+1/2,j+1} - u^n_{i+1/2,j-1}) + \Delta t\nu_t\left[\frac{1}{2\Delta x^2}(u^n_{i+3/2,j} - 2u^n_{i+1/2,j} + u^n_{i-1/2,j}) + \frac{1}{2\Delta y^2}(u^n_{i+1/2,j+1} - 2u^n_{i+1/2,j} + u^n_{i+1/2,j-1})\right]$$

$$EV_1 = 1 + \frac{\Delta t}{4\Delta y}(v^n_{i,j+3/2} - v^n_{i,j-1/2})$$

$$FV_1 = v^n_{i,j+1/2} - \frac{\Delta t}{4\Delta x}u^{n+1/2}_{i,j+1/2}(v^n_{i+1,j+1/2} - v^n_{i-1,j+1/2}) - \frac{\Delta t}{2\Delta y}g(h^n_{i,j+1} - h^n_{i,j}) + \Delta t\nu_t\left[\frac{1}{2\Delta x^2}(v^n_{i+1,j+1/2} - 2v^n_{i,j+1/2} + v^n_{i-1,j+1/2}) + \frac{1}{2\Delta y^2}(v^n_{i,j+3/2} - 2v^n_{i,j+1/2} + v^n_{i,j-1/2})\right]$$

$$h^n_{i+1/2,j} = \frac{1}{2}(h^n_{i,j} + h^n_{i+1,j})$$

$$h^n_{i-1/2,j} = \frac{1}{2}(h^n_{i-1,j} + h^n_{i,j})$$

$$h^n_{i,j+1/2} = \frac{1}{2}(h^n_{i,j} + h^n_{i,j+1})$$

$$h^n_{i,j-1/2} = \frac{1}{2}(h^n_{i,j-1} + h^n_{i,j})$$

$$v^n_{i+\frac{1}{2},j} = \frac{1}{4}(v^n_{i,j-1/2} + v^n_{i+1,j-1/2} + v^n_{i,j+1/2} + v^n_{i+1,j+1/2})$$

$$u^{n+1/2}_{i,j+1/2} = \frac{1}{4}(u^{n+1/2}_{i-1/2,j} + u^{n+1/2}_{i+1/2,j} + u^{n+1/2}_{i-1/2,j+1} + u^{n+1/2}_{i+1/2,j+1})$$

式中：n——计算步数；

t——时间，s；

h——水深，m；

u——沿 x 方向的流速，m/s；

v——沿 y 方向的流速，m/s；

Δx、Δy——矩形网格中沿 x、y 方向的步长，m；

g——重力加速度，m/s^2；

ν_t——水流紊动粘性系数，m^2/s。

(3)在$\left(n+\frac{1}{2}\right)\Delta t \to (n+1)\Delta t$ 内，将水流方程离散为式(2.3-7)、式(2.3-8)、式(2.3-9)，计算时先将式(2.3-7)与式(2.3-8)联立，采用追赶法按 y 方向逐行求解 v^{n+1} 和 h^{n+1}，然后利用式(2.3-9)逐点求出 u^{n+1}。

$$AZ_2 v_{i,j-1/2}^{n+1} + BZ_2 h_{i,j}^{n+1} + CZ_2 v_{i,j+1/2}^{n+1} = DZ_2 \tag{2.3-7}$$

$$AV_2 h_{i,j}^{n+1} + BV_2 v_{i,j+1/2}^{n+1} + CV_2 h_{i,j+1}^{n+1} = DV_2 \tag{2.3-8}$$

$$u_{i+1/2,j}^{n+1} = FU_2/EU_2 \tag{2.3-9}$$

式中：$AZ_2 = -\frac{\Delta t}{2\Delta y} h_{i,j-1/2}^{n+1/2}$

$BZ_2 = 1$

$CZ_2 = \frac{\Delta t}{2\Delta y} h_{i,j+1/2}^{n+1/2}$

$DZ_2 = h_{i,j}^{n+1/2} - \frac{\Delta t}{2\Delta x}[h_{i+1/2,j}^{n+1/2} u_{i+1/2,j}^{n+1/2} - h_{i-1/2,j}^{n+1/2} u_{i-1/2,j}^{n+1/2}]$

$AV_2 = -\frac{\Delta t}{2\Delta y} g$

$BV_2 = 1 + \frac{\Delta t}{4\Delta y}(v_{i,j+3/2}^{n+1/2} - v_{i,j-1/2}^{n+1/2})$

$CV_2 = \frac{\Delta t}{2\Delta y} g$

$$DV_2 = v_{i,j+1/2}^{n+1/2} - \frac{\Delta t}{4\Delta x} u_{i,j+1/2}^{n+1/2}(v_{i+1,j+1/2}^{n+1/2} - v_{i-1,j+1/2}^{n+1/2}) + \Delta t \nu_t [\frac{1}{2\Delta x^2}(v_{i+1,j+1/2}^{n+1/2} - 2v_{i,j+1/2}^{n+1/2} + v_{i-1,j+1/2}^{n+1/2}) + \frac{1}{2\Delta y^2}(v_{i,j+3/2}^{n+1/2} - 2v_{i,j+1/2}^{n+1/2} + v_{i,j-1/2}^{n+1/2})]$$

$EU_2 = 1 + \frac{\Delta t}{4\Delta x}(u_{i+3/2,j}^{n+1/2} - u_{i-1/2,j}^{n+1/2})$

$$FU_2 = u_{i+1/2,j}^{n+1} - \frac{\Delta t}{4\Delta y} v_{i+1/2,j}^{n+1/2} (u_{i+1/2,j+1}^{n+1/2} - u_{i+1/2,j-1}^{n+1/2}) - \frac{\Delta t}{2\Delta x} g (h_{i+1,j}^{n+1/2} - h_{i,j}^{n+1/2}) + \Delta t \nu_t [\frac{1}{2\Delta x^2} (u_{i+3/2,j}^{n+1/2} - 2u_{i+1/2,j}^{n+1/2} + u_{i-1/2,j}^{n+1/2}) + \frac{1}{2\Delta y^2} (u_{i+1/2,j+1}^{n+1/2} - 2u_{i+1/2,j}^{n+1/2} + u_{i+1/2,j-1}^{n+1/2})]$$

$$h_{i+1/2,j}^{n+1/2} = \frac{1}{2}(h_{i,j}^{n+1/2} + h_{i+1,j}^{n+1/2})$$

$$h_{i-1/2,j}^{n+1/2} = \frac{1}{2}(h_{i-1,j}^{n+1/2} + h_{i,j}^{n+1/2})$$

$$h_{i,j+1/2}^{n+1/2} = \frac{1}{2}(h_{i,j}^{n+1/2} + h_{i,j+1}^{n+1/2})$$

$$h_{i,j-1/2}^{n+1/2} = \frac{1}{2}(h_{i,j-1}^{n+1/2} + h_{i,j}^{n+1/2})$$

$$v_{i+1/2,j}^{n+1} = \frac{1}{4}(v_{i,j-1/2}^{n+1} + v_{i+1,j-1/2}^{n+1} + v_{i,j+1/2}^{n+1} + v_{i+1,j+1/2}^{n+1})$$

$$u_{i,j+1/2}^{n+1/2} = \frac{1}{4}(u_{i-1/2,j}^{n+1/2} + u_{i+1/2,j}^{n+1/2} + u_{i-1/2,j+1}^{n+1/2} + u_{i+1/2,j+1}^{n+1/2})$$

式中：n——计算步数；

t——时间，s；

h——水深，m；

u——沿 x 方向的流速，m/s；

v——沿 y 方向的流速，m/s；

Δx、Δy——矩形网格中沿 x、y 方向的步长，m；

g——重力加速度，m/s²；

ν_t——紊动粘性系数，m²/s。

2.3.3 模型设计与验证

2.3.3.1 模型设计

数学模型中设计的水槽平面布置见图 2.3-1，水槽宽 $B = 1.5$m，长 $L = 40$m。

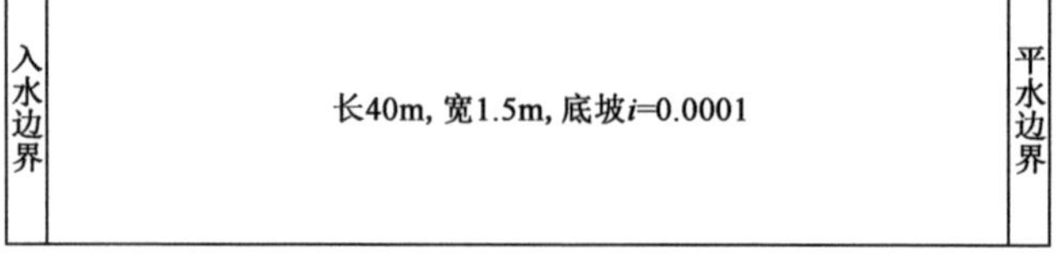

图 2.3-1 计算模型布置图

模拟水深 $h=0.1\mathrm{m}$,流速 $v=0.2\mathrm{m/s}$。

水槽底坡按下式计算:

$$i = \frac{v^2 n^2}{R^{4/3}}$$

式中:i——底坡;

v——流速,m/s;

n——糙率系数;

R——湿周, $R=Bh/(B+2h)$。

模型中通过调整底部糙率模拟底部摩擦,用曼宁数表达,曼宁数的计算如下式:

$$c = \frac{1}{n}R^{1/6}$$

式中:c——曼宁数;

n——糙率系数;

R——湿周。

对应计算组次,参数选择见表2.3-1。

模 型 参 数 　　表2.3-1

B	h	v	n	c	R	i
1.5	0.1	0.2	0.011	66.72272	0.088235	0.000101829

试算得到上游(入水边界)水深为0.1034692m,表明所取的糙率系数偏大(模型中未考虑涡粘能量耗散),取 $c=100$ 时,上游水深为0.09993237m,相对误差达到1‰,认为模型反映了真实情况,流场见图2.3-2。

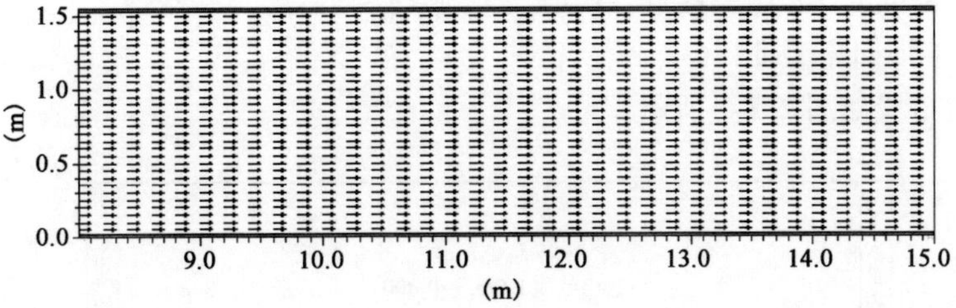

图2.3-2　流场图

计算中入水边界通过均布分散源项给出流量,相当于均匀入流边界,为不透流边界;平水通过恒定水位调节,为透流边界。计算曼宁数及水面比降与模型中的不一致是因为取值计算累加引起能量耗散和模型的摩擦耗散。

在之后的模拟中发现水流很不容易稳定，分析其原因是，能量在两槽壁间反射，加入涡粘使能量的横向传播得以耗散。

2.3.3.2 模型验证

分别用单边突扩水流和丁坝回流来对建立的模型进行验证。

(1)单边突扩水流验证

模型布置如图 2.3-3 所示。

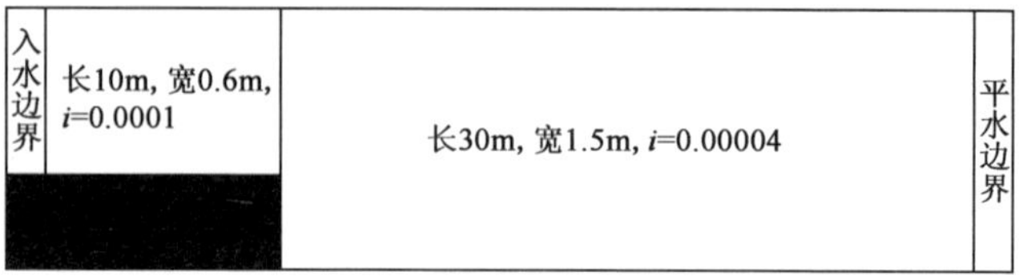

图 2.3-3 单边突扩模型布置图

计算结果如图 2.3-4 所示。

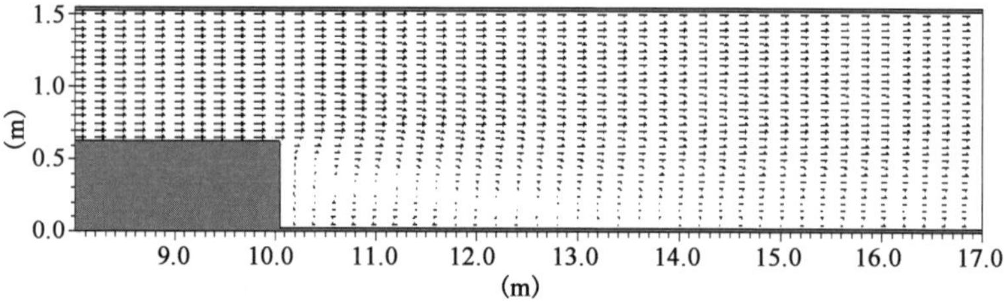

图 2.3-4 单侧突扩流场图

单侧突扩回流长度为 3.2m，与用付国岩公式计算的 2.5m 和程天金、谢葆玲公式计算的 3.7m 比较接近，认为已经反映实际情况。

(2)丁坝回流验证

模型布置如图 2.3-5 所示。

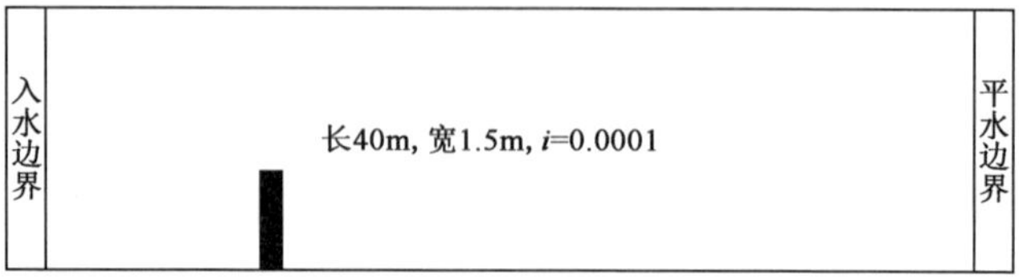

图 2.3-5 丁坝模型布置图

计算结果如图2.3-6所示，丁坝回流长度为9.6m，与用李国斌、韩信公式计算的7.7m比较接近，认为反映了实际情况。

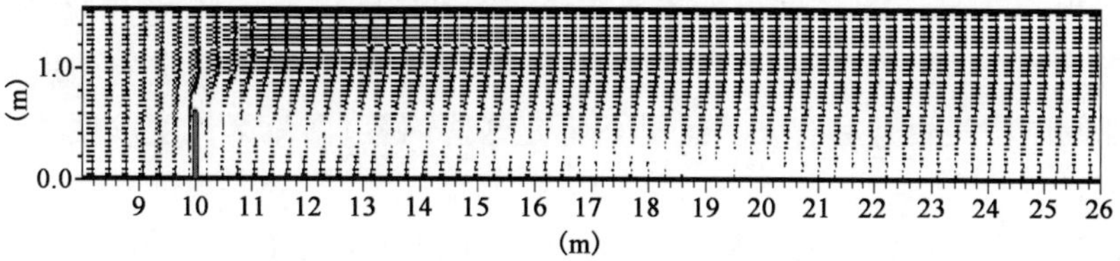

图2.3-6　丁坝流场图

综上所述，模型的设计是正确的。可以用来计算船闸引航道口门区的水流情况。

2.3.4　数值模拟结果分析

2.3.4.1　不同展宽比对回流区长度的影响

为分析展宽比对回流区长度的影响，选择一个给定的水深和流速，进行不同展宽比的数值模拟，统计分析回流区长度，并与有关计算公式的计算结果相对比。模拟设定的计算组次与参数见表2.3-2，不同展宽比的流场代表图见图2.3-7，不同计算公式与模拟得到的回流区长度见表2.3-2。

不同展宽比情况下的回流长度　　表2.3-2

模拟条件					回流长度(m)		
B(m)	b(m)	$B/(B-b)$	流速(m/s)	水深(m)	付国岩	程天金	数值计算
1.5	0.15	1.11	0.3	0.2	0.43	2.13	0.7
1.5	0.3	1.25	0.3	0.2	0.96	2.62	1.6
1.5	0.45	1.43	0.3	0.2	1.65	3.25	2.4
1.5	0.6	1.67	0.3	0.2	2.57	4.09	3.2
1.5	0.75	2.00	0.3	0.2	3.85	5.27	3.8

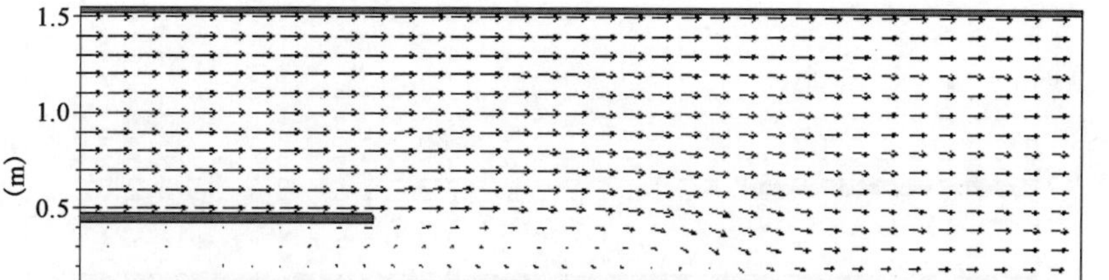

图2.3-7　展宽比为1.43时的流场图

从模拟的流速矢量变化过程图可以看出，流速常随时间出现一定量的变动，回流区长度也随时间出现变化，而变化过程中船闸（引航道）中的水体也出现流向的变化，可见由于回流造成的流速变化在引航道中出现了非恒定的往复波动，这与类似工程的试验结果是一致的，也表明回流区的长度及稳定与引航道的长度及船闸闸门是否开启有关。这里不研究这些内容，回流区长度取变化过程的平均值。

在模拟中发现不同的涡粘系数对回流区长度有明显的影响，这与理论分析结果是一致的，计算选取涡粘为与速度有关的系数，为0.004。底部曼宁数选取约为74，相当于光滑的水泥抹面。

2.3.4.2　不同水深对回流区长度的影响

为分析水深对回流区长度的影响，选择一个给定的展宽比和流速，进行不同水深的数值模拟，统计分析回流区长度，并与有关计算公式的计算结果相对比。模拟设定的计算组次与参数见表2.3-3，不同水深的流场代表图见图2.3-8，不同计算公式与模拟得到的回流区长度见表2.3-3。

不同水深情况下的回流长度　　表2.3-3

模拟条件					回流长度(m)		
B(m)	b(m)	$B/(B-b)$	流速(m/s)	水深(m)	付国岩	程天金	数值计算
1.5	0.45	1.43	0.3	0.1	1.84	3.52	3.4
1.5	0.45	1.43	0.3	0.2	1.65	3.25	2.7
1.5	0.45	1.43	0.3	0.3	1.55	3.11	2.3
1.5	0.45	1.43	0.3	0.4	1.48	3.01	2
1.5	0.45	1.43	0.3	0.5	1.42	2.93	1.8

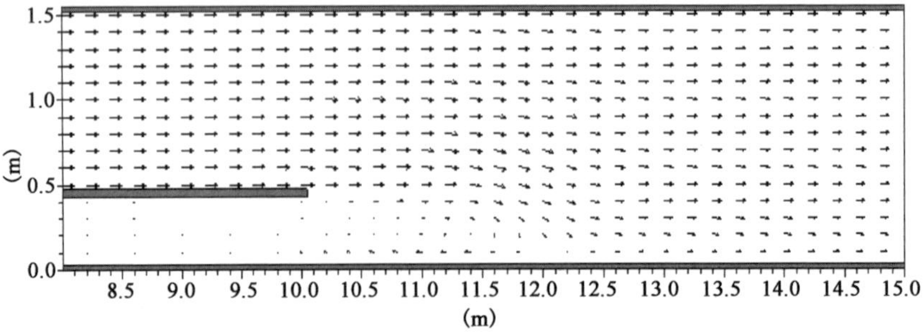

图2.3-8　水深为0.3m时的流场图

由以上图、表可以看出，回流长度随水深的增加而呈减小的趋势，与用付国岩、程天金和谢葆玲公式计算的回流长度的变化趋势相同。

2.3.4.3 不同流速对回流区长度的影响

为分析流速对回流区长度的影响，选择一个给定的展宽比和水深，进行不同流速的数值模拟，统计分析回流区长度，并与有关计算公式的计算结果相对比。模拟设定的计算组次与参数见表2.3-4，不同流速的流态代表图见图2.3-9，不同计算公式与模拟得到的回流区长度见表2.3-4。

不同流速情况下的回流长度 表2.3-4

模拟条件					回流长度(m)		
B(m)	b(m)	$B/(B-b)$	流速(m/s)	水深(m)	付国岩	程天金	数值计算
1.5	0.45	1.05	0.1	0.2	1.16	2.47	2.4
1.5	0.45	1.05	0.2	0.2	1.45	2.94	2.5
1.5	0.45	1.05	0.3	0.2	1.65	3.25	2.7
1.5	0.45	1.05	0.4	0.2	1.81	3.49	2.7
1.5	0.45	1.05	0.5	0.2	1.94	3.69	2.8

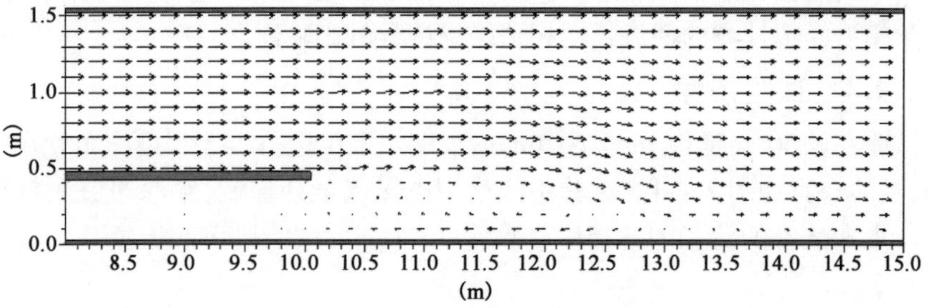

图2.3-9 流速为0.3m/s的流场图

由以上图、表可以看出，展宽比和水深一定时，回流长度随流速的增加略有增加，但没有程天金、谢葆玲公式明显，与付国岩公式相接近，这说明流速对船闸引航道口门区的回流长度的影响不大，与船闸引航道口门区回流长度的理论模式相符。

2.3.4.4 回流计算公式参数的确定

根据数据进行相关分析可得公式参数：

$$K_b = 0.220267 \qquad K_c = -2.37439$$

所以船闸引航道口门区水流条件的计算公式为：

$$L = \frac{c_0^2 H \ln \frac{B}{B_1}}{-2.37439 + 0.220267 c_0^2 \frac{H}{b} \ln \frac{B}{B_1}}$$

计算值和模拟值的比较如图 2.3-10，由图可见，计算值和模拟值符合良好。

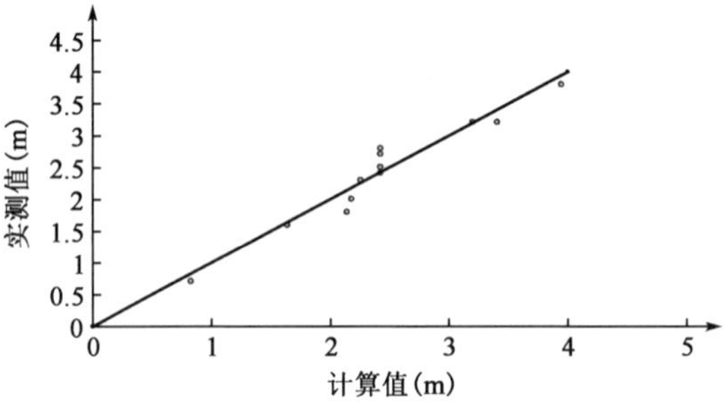

图 2.3-10　回流长度计算值与实测值的比较

2.4　引航道口门区水流特征概化水槽试验研究

本节采用概化水槽试验进一步研究船闸引航道口门区的流场分布特征，并对数学模型模拟计算的回流长度相关结果进行对比验证。

2.4.1　试验条件

试验在长 30m、宽 0.5m、高 0.6m 的玻璃水槽中进行。工程措施布置在水槽中部，具体布置如图 2.4-1。试验中流量用电磁流量计控制，水深通过测针直接读取。本次试验的流量 $Q = 15\text{L/s}$，水深 $h = 15\text{cm}$；试验段引航道宽 0.2m，主流区宽 0.3m。

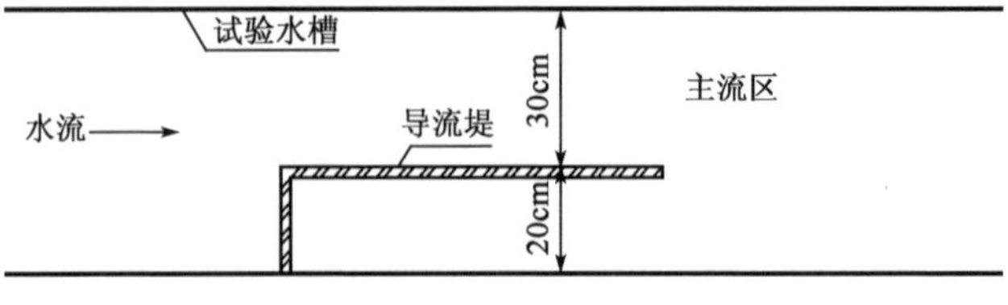

图 2.4-1　试验模型布置图

2.4.2　试验结果分析

2.4.2.1　口门区横流

在上述试验条件下，口门区上游导流堤断面的主流区，水流流向与导流堤平行，断面平均流速 u_0 为 35 cm/s；主流到达导流堤堤头后开始向口门区扩散，产生与导流堤夹角约25°的斜向流速，横向流速分量 u_x 为11cm/s，相对流速 $u_x/u_0=0.31$，与湘江大源渡、株洲航电枢纽正态河工模型试验的比值（u_x/u_0）相近。按照此比例系数计算，当上游主流流速为 2.0m/s 时，在导流堤堤头处的横向流速分量 u_x 将达到62cm/s，远大于规范规定 $u_x \leqslant 30$cm/s 的要求，口门区的水流条件不能满足船舶进出口门区的航行条件。

2.4.2.2　口门区回流

上游主流在导流堤堤头扩散时，在与主流交界的口门静水区域，由于水流的紊动切应力作用，会在口门区形成一个封闭的回流区域。根据实验观测，导流堤堤头下游流场分布具有如下特征：

（1）回流流态

在口门区整个扩散段上水流可以分为以下三个区域（图2.4-2）。

Ⅰ区：水流远离口门区，基本不受交界面紊动的影响，断面分布基本上以断面最大流速为对称轴按照幂函数的分布特征，宽度自导流堤堤头沿程增加。

Ⅱ区：为水流交界面紊动扩散区，流速梯度较大。

Ⅲ区：为回流反流区，其外边界流速为零，称为零值线，近似于直线。

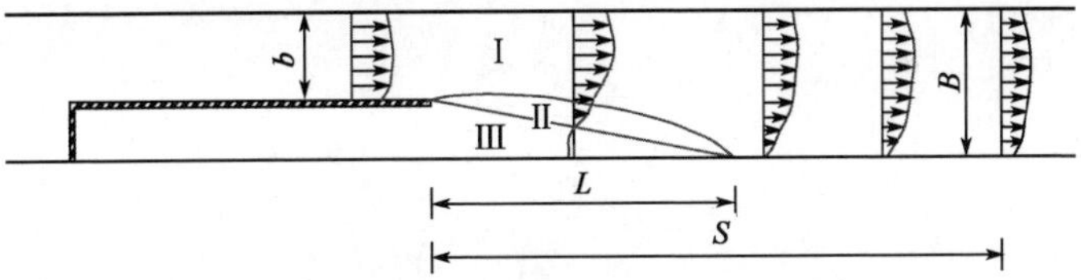

图2.4-2　引航道口门区回流流态分布

（2）回流长度

回流长度的确定是一个非常复杂的问题，涉及的因素较多，一般是主流流速、断面压缩比、水深、水流雷诺数等。在本次试验中，主流流速、断面压缩比、水深一定，回流长度主要与导流堤堤头的斜向流速有关，斜向流速越大，偏角越大，回流长度相应就越长。另外，针对水流从 B_0 突然扩宽至 B 的情况，有学者认为回流长度为 $6\sim9(B_0-B)$。按照这个公式，本试验的回流长度应为 120～180cm，实际的测量结果回流长度约为 128cm，在此范围以内。

（3）回流强度

回流强度是表征回流的一个重要物理量。但由于回流很不稳定，所处的位置不同，流速的绝对值相差也很大。因此想准确地测量出回流的强度也比较困难，本试验测量的是回流的平均流速，约为 15cm/s。

2.4.2.3 水槽试验与数模计算结果比较

水槽试验中测量出的回流长度为128cm,用数学模型拟合出来的计算结果为98cm,误差约为23%,产生误差的原因主要是因为回流本身很不稳定,测量中存在误差,另外,数学模型模拟的水槽和天然情况下的水槽也有一定的误差。

第3章　船闸引航道口门区水流对船舶航行影响

3.1　口门区斜流对船舶航行影响理论分析

当船舶(队)以一定的航速驶入口门区时,如果航向与水流有一定夹角,则将产生斜向水流对船舶的作用,称为斜流效应。口门区内的斜向水流可以分解成平行于航线的纵向流速和垂直于航线的横向流速。横向流速和纵向流速对船舶航行影响较大,国内外均十分重视与之相关的研究,尤其是船闸引航道口门区的横向流速和纵向流速问题,有些国家对部分指标已制定了相应的规范,我国对引航道口门区内横、纵及回流的最大流速在船闸设计规范中进行了限制性规定,但对于水流对船舶航行影响的其他指标目前尚无规范可依,需进行水工模型和船模航行试验加以研究。为了分析口门区水流对船舶航行之间的关系,可建立水流流速与船舶受力的关系式。

设口门区内的斜流流速为 v,斜流与航线的夹角为 α,斜流分解成平行于航线的纵向流速为 v_y,垂直于航线的横向流速为 v_x。则有:

$$v_y = v \cdot \cos\alpha$$

$$v_x = v \cdot \sin\alpha$$

其中沿航线方向上纵向流速 v_y,不仅影响船舶(队)的航行推力或阻力,同时也影响船舶的舵效。一般而言,要求船舶(队)的航速大于斜向水流沿航线方向的流速分量即纵向流速 v_y。

垂直于航线方向上的横向流速 v_x,可以使船舶产生横向漂移,如果作用于船体的 v_x 是非均匀的,将对船舶产生扭转力矩,使其转动。

横向流速 v_x 对船舶(队)产生横向推力 F_x,即:

$$F_x = \xi\gamma\frac{v_x^2}{2g}S$$

式中:ξ——系数;

γ——水的密度,kg/m^3;

S——受横流作用的船舶面积,m^2;

g——重力加速度，m/s^2。

船舶(队)受到的横向推力 F_x 与船舶(队)受横流作用的面积有关，当 S 一定时，F_x 与横向流速 v_x 的平方成正比，受横向力的作用，船舶(队)将发生侧向漂移，偏离航线。

《万安水利枢纽船闸下游改善引航道通航水流条件的研究》一文提出船舶(队)受横向力作用，产生的横漂距离 ΔL_x 的计算式为：

$$\Delta L_x = \frac{B}{A}\left[t + \frac{1}{A}e^{-At}\right]v_x$$

或
$$\Delta L_x = v^* t = v^* l/(v_y - v_s)$$

或
$$\Delta L_x \equiv \bar{v}_x l/(v_y - v_s)$$

式中：A、B——系数，s^{-1}；

t——水流作用于船体的时间，s；

v^*——船舶(队)受水流 v_x 作用而产生 x 方向的位移速度，m/s；

v_s——船舶(队)的静水航速，m/s；

$\bar{v}_x$——计算段内各测点 v_x 的平均值，m/s；

l——船舶(队)航行距离，m。

涂启明在《船闸通航水流条件的研究——淮安水利枢纽实船试验》一文中提出了船(舶)队横向漂移速度 v^* 与横向流速的关系：

$$v^* = (\bar{v}_x - c)/0.76$$

式中：c——系数，顶推船队一般取0.09；

拖带船队一般取0.07。

陈永奎在《斜流效应的分析计算》一文中，提出的船舶受到横流作用后重心所产生的横向漂流速度 v_x^* 和横漂距离 ΔL_x 的计算公式：

$$v_x^* = \frac{A}{B}(1 - e^{-At})v_x$$

$$\Delta L_x = B(t + \frac{1}{A}e^{-At})v$$

式中：t——时间，s；

A、B——与船舶的质量、船体的附加质量及作用在船舶的质量、船体的附加质量上流体的质量及三者的质流量有关的系数；当 v_x 为常量，且 $v_x = v_x^*$ 时，$A = B = 1.0$s^{-1}。

船舶在非均匀流场航行时，由于船体两侧动水压力差的作用点不在船舶的重心，横流还将对船舶产生力矩作用。如果简化为 v_x 按线性分布，则从能量定

理可以得到力矩 M 与 v_x 的关系，即：

$$M = Kv_x^2$$

式中，K 为系数，与水流作用长度、作用深度、作用点偏心率，船舶（队）自身及周边几何形状，以及水流绕船体运动时的阻力等因素有关。

由此可见，口门区的斜向水流沿航向的纵向流速对船舶（队）起加速和减速的作用；垂直航向的横向流速使船舶产生漂移，且当横向流速非均匀分布时，船舶受不均匀流侧压影响发生回转运动，使船舶偏离航向，船舶为保持航向需操纵舵角，如果这种运动超出了船舶正常操作能力即舵力所允许的范围内，就会出现失控，造成驾引失控，严重时会发生船舶不能进入引航道或船舶冲撞翻船事故。

3.2 口门区回流对船舶航行影响理论分析

在船闸引航道口门区，受斜向水流的作用，河流动水带动引航道静水，形成旋转水流，俗称漩流，美国工程界习惯称涡流，我国则通称为回流。回流是一种大量存在于工程实际中的主要副流，其产生的机理为：水流发生局部变形（收缩或扩散等）时，将会产生水流分离的现象，在水流的分离面上出现摩擦力，在摩擦力的作用下，分离面附近的水体将随着主流一起向下游运动，为了填补留下来的空隙，边壁附近的水体必将流进来补充，这样就形成了一个封闭的水流系统。

船闸引航道口门区处在水流局部变形的区域，为回流的产生提供了条件，因此回流和斜向水流成为船闸引航道口门区的主要水流结构。回流对船舶（队）航行的影响主要是椭圆形旋转水流两端产生的方向相反，且基本与航线垂直的水流对船舶（队）的影响。当船舶（队）穿越回流区时，船首、船尾受到方向相反的水流作用，使得船舶产生扭转，同时回流范围内因流速分布不均和流向不一致所产生的转动力矩，也会影响舵效作用的发挥，极大影响船舶（队）安全进出口门。

3.3 口门区船舶航行条件概化模型研究

为了研究口门区水流对船舶航行条件的影响，南科院蔡素文通过建立水槽概化模型，进行了不同水流条件、不同航行方式、不同车速下的船舶航行条件试验研究。通过对试验资料的详细分析，得出横向漂移速度、漂角、航迹带宽度与水流参数相关的经验公式，相关成果引用如下：

3.3.1 概化模型简介

概化模型以顺直河段作为研究河段，将顺直河段概化为宽浅水槽，口门区横向水流概化为侧向支槽入流。根据试验目的、航道及船舶尺度、场地和供水条件等，宽水槽主尺度（不包括进、出口过渡段）设计为40m×5m×0.22m（长×宽×高），底坡为1.0‰，水槽试验观察段为9m。距离水槽进口20m处设侧向正交支槽入汇以产生横向流速，由于侧向支槽的开口宽度和主槽的相对流量直接影响水槽横流大小和范围，概化模型中侧向支槽开口宽度按试验船舶宽度的2～3倍考虑。

3.3.2 水流流场模拟

因主支槽交汇角（主支槽几何轴线夹角）为90°，其交汇河段的水面形态受主槽流量及主支槽流量比的影响。根据研究要求共进行了6组水流流场模拟试验。典型条件下横流区域的流场、横流等值线和纵流等值线见图3.3-1，航线1到航线3的纵向流速为－0.4～2.2m/s，跨越的横流大小为0.4～0.8m/s时，横流区域长为0.0～5.1倍船长。不同的航线，其横流大小与横流区域长度各不相同。

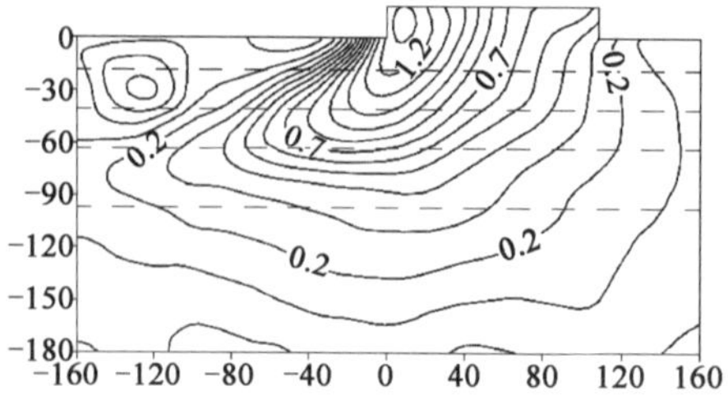

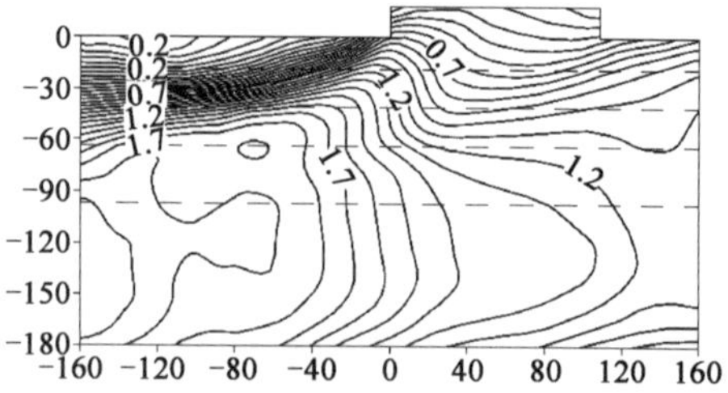

图3.3-1 主支槽交汇区典型横、纵流等值线图

3.3.3 试验成果分析

实际航行过程中船舶仍存在较小的艏向角，所以统计了艏向角不超过2°的试验数据，相应的横向漂移速度按 $v_x^* = v_b\sin(\beta - \theta)$ 计算。根据统计后的试验资料，点绘了船舶在对岸航速分别为2.0m/s、3.0m/s、4.0m/s下横向漂移速度与横向流速之间的关系。需要指出，不同的对岸航速对横向漂移速度是有影响的，其相互关系见图3.3-2，由此得到关系式：

$$v_x^* = 0.91\frac{v_x}{v_b^{0.1}}$$

从以上分析可知：横向流速越大，横向漂移速度就越大；横向漂移速度随着对岸航速的增大变小。

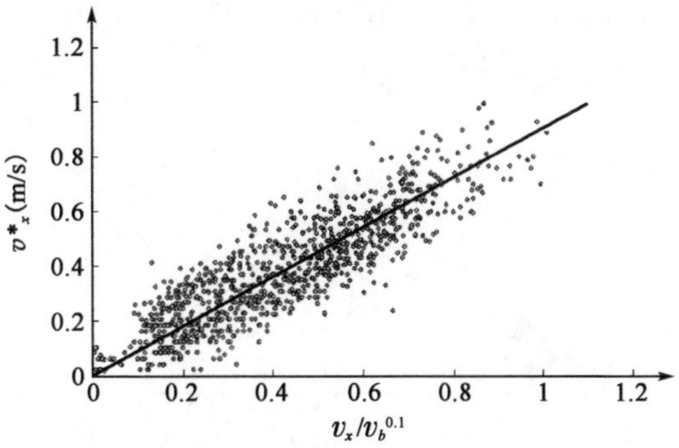

图 3.3-2　横漂与流速/航速关系

根据无艏向角航行试验资料，分别点绘了船舶在对岸航速分别为 2.0m/s、3.0m/s、4.0m/s 时船舶航行漂角与横向流速 v_x 之间的关系，考虑对岸航速 v_b 的影响，进一步分析船舶航行漂角与横向流速和对岸航速间的关系，见图 3.3-3，得到以下关系式：

$$\beta = 1.28 \frac{v_x}{v_b^{1.3}} L_s$$

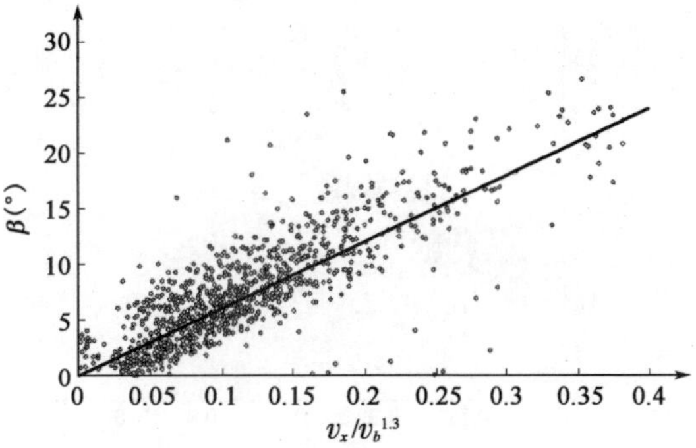

图 3.3-3　漂角与流速/航速关系

船舶在限制航路航行时，漂角受频繁操舵和船舶艏向角共同影响，其与对岸航速和横向流速间的关系见图 3.3-4，得出关系式：

$$\beta = 0.8 \frac{v_x}{v_b^{1.3}} L_s + 2$$

由以上分析可知，船舶航行漂角主要影响因素为对岸航速，其次为横向流速。横向流速越大，漂角就越大；漂角随着对岸航速的增大而变小。船舶限制航路航行时，漂角变化率相对无艏向角的小。

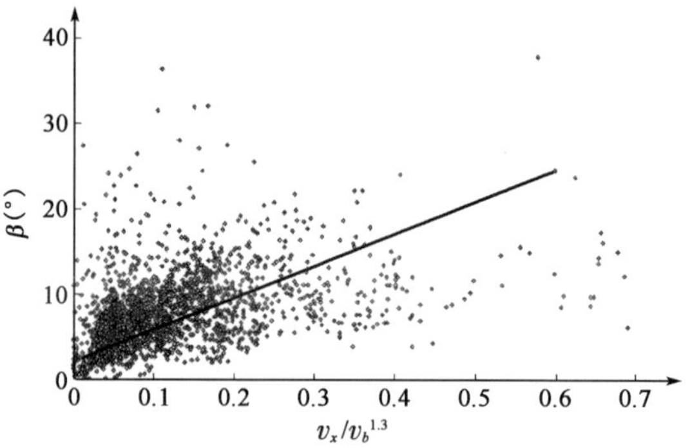

图 3.3-4　限制航路航行时漂角与对岸航速和横向流速关系

由于船舶航行漂角的存在，船舶航迹带宽度 B 将增加，因船舶航迹带宽度主要受漂角的影响，又因漂角主要受对岸航速影响，所以点绘了无艏向角船舶操纵舵角在左右 25°之内航迹带宽度与对岸航速和横向流速的关系，见图 3.3-5，分析可得关系式：

$$\Delta B = 1.07 \frac{v_x}{v_b^{1.3}} L_s + 10$$

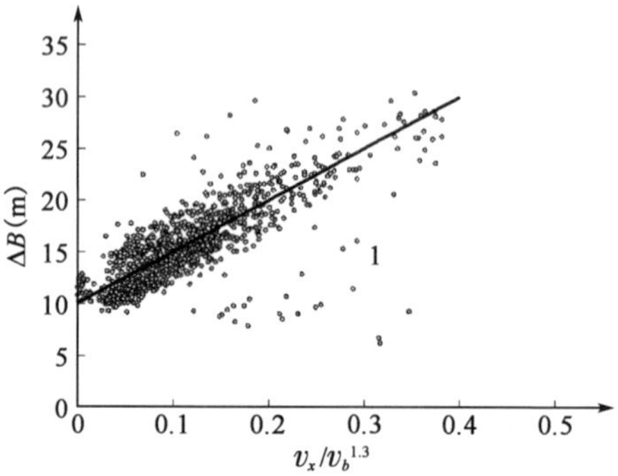

图 3.3-5　航迹带宽度与对岸航速和横向流速关系

船舶在限制航路航行时，漂角同时受频繁操舵及艏向角的影响，点绘了舵角在左右 25°之内航迹带宽度与对岸航速和横向流速的关系，见图 3.3-6，分析得到关系式：

$$\Delta B = 0.64 \frac{v_x}{v_b^{1.3}} L_s + 11.5$$

由以上分析可知：船舶航迹带宽度主要影响因素为对岸航速，其次为横向流速。漂角随着对岸航速的增大而变小；横向流速越大，航迹带宽度就越大；船舶限制航路航行时,航迹带宽度变化率相对无艏向角的小。

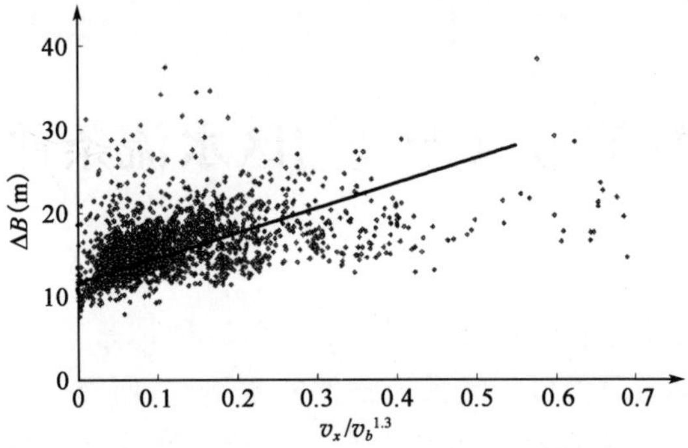

图 3.3-6 限制航路航行时航迹带宽度与对岸航速和横向流速关系

通过建立水槽概化模型,对口门区船舶航行条件进行模拟研究,在选定代表船型和模型水流条件模拟分析的基础上,综合考虑影响了船舶航行条件的主要水流参数(纵向流速、横向流速、流态等)。在不同水流条件、车速、航行方式(无舵角航行、无艏向角航行及限制航路航行)及不同预设航线进行试验研究。通过试验分析,得出航迹线处横纵向流速、舵角、艏向角、漂角、对岸航速等航行参数沿程变化趋势规律,不同航行方式下航行参数沿程变化趋势是基本一致的。

第4章 导流墩改善口门区水流条件技术研究

本章采用二维水流数学模型、概化水槽试验、整体水工模型系列试验，系统全面地进行了导流墩改善口门区水流条件技术研究，研究了各种导流墩布置形式对口门区水流条件的影响规律，以此分析得出了导流墩改善口门区水流条件的机理以及布置规律。

4.1 导流墩改善船闸口门区水流条件数学模型

采用2.3节建立的二维水流数学模型对导流墩改善口门区水流条件进行了计算分析，模型以河道水深0.3m、流速0.2m/s为边界条件，进行了不同导流墩数量、不同相对间距工况下口门区水流条件的计算，以此分析布置导流墩后口门区回流长度、横向流速以及流速均匀分布的恢复距离的变化趋势。

计算结果见表4.1-1～表4.1-3、图4.1-1～图4.1-4。数据表明，在口门区布置导流墩的相对间距相同时，随着导流墩个数的增加，口门区内的回流长度、横向流速、流速均匀分布的恢复距离呈减小趋势；在导流墩个数相同时，相对间距为1.0时回流长度、流速均匀分布距离最短，横向流速最小，这说明在模拟的三种相对间距情况下，相对间距为1.0时效果是最佳的。

回流长度的变化　　表4.1-1

墩　数	相对间距		
	0.5	1.0	1.5
0	2.95m	2.95m	2.95m
1	2.80m	2.7m	2.76m
2	2.64m	2.3m	2.5m
3	2.46m	1.8m	1.90m
4	2.1m	1.4m	1.6m

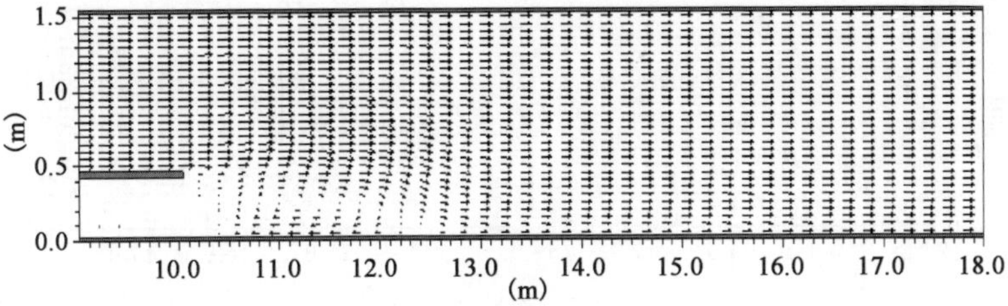

图 4.1-1　无墩时的流场图

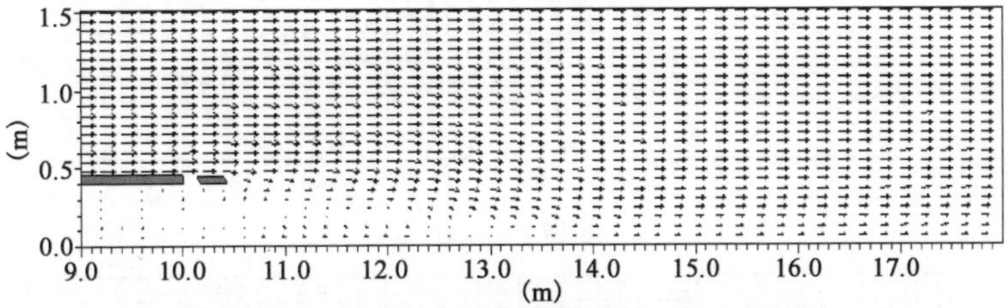

a)一个导流墩

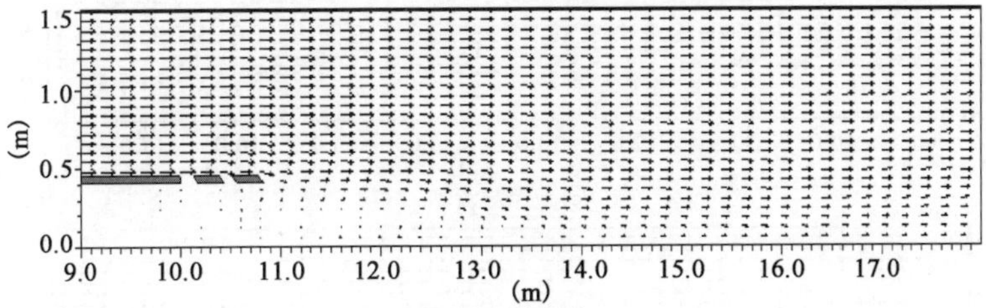

b)两个导流墩

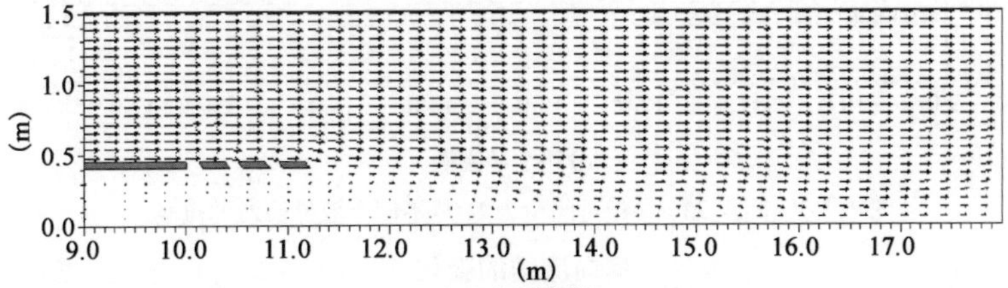

c)三个导流墩

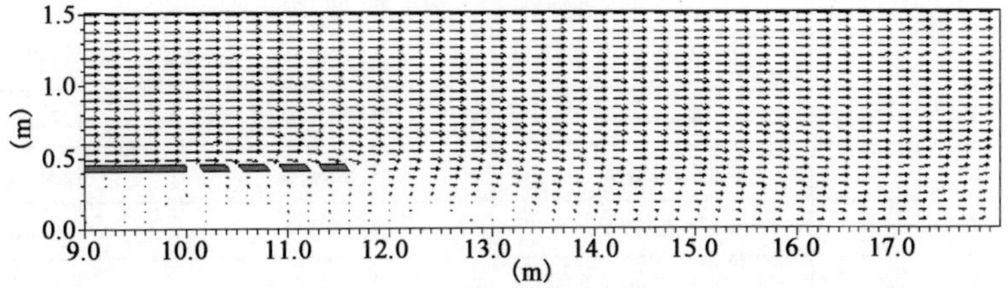

d)四个导流墩

图 4.1-2　间距 13cm(相对间距为 0.5)不同个数导流墩的流场图

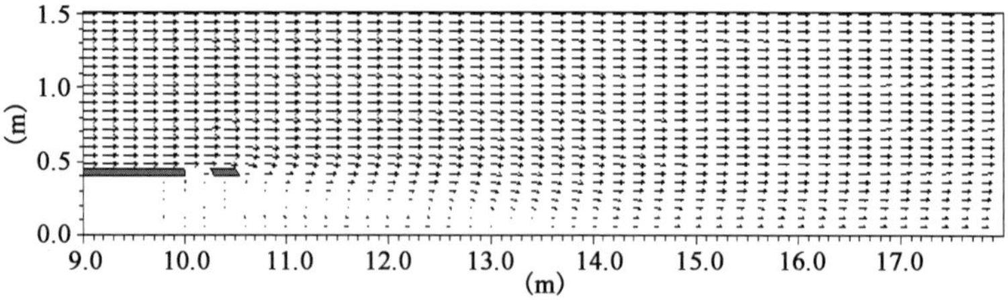

a)一个导流墩

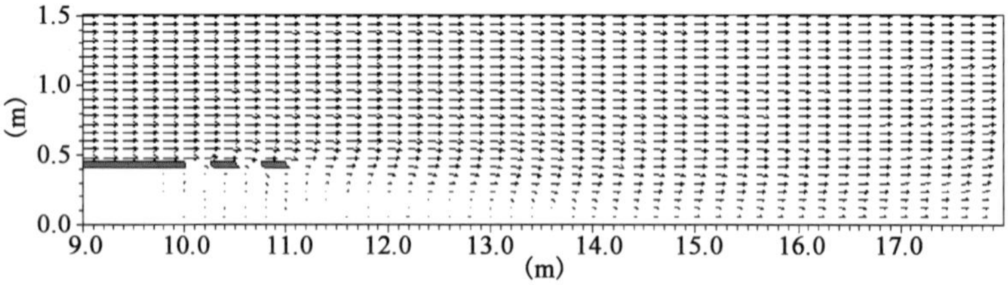

b)两个导流墩

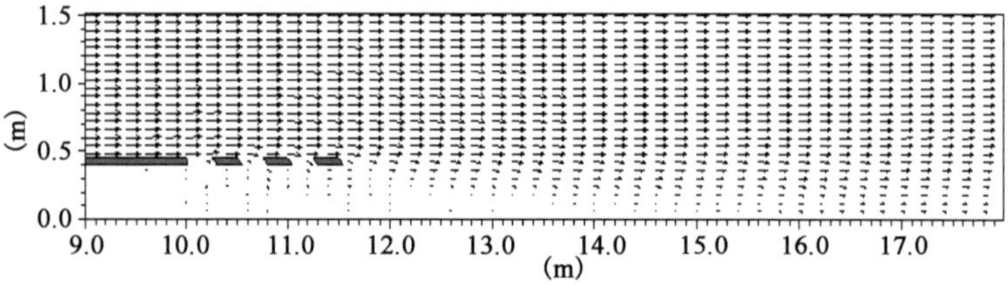

c)三个导流墩

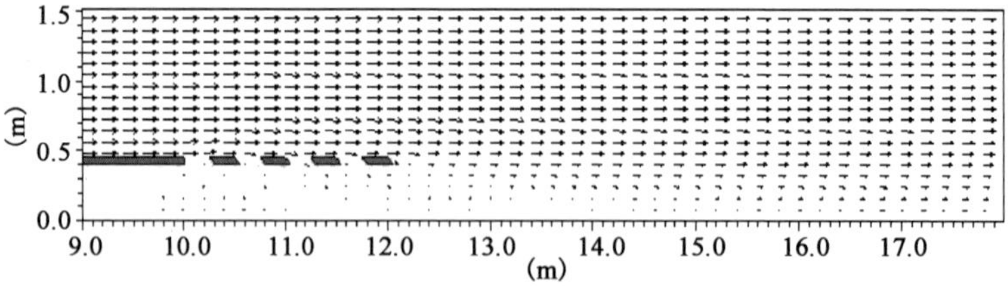

d)四个导流墩

图 4.1-3　间距 25cm(相对间距为 1.0)不同个数导流墩的流场

横向流速的变化　　表 4.1-2

墩　数	相对间距		
	0.5	1.0	1.5
0	4.7cm/s	4.7cm/s	4.7cm/s
1	4.2cm/s	3.8cm/s	4.3cm/s
2	3.6cm/s	3.4cm/s	3.8cm/s
3	3.2cm/s	2.8cm/s	3.3cm/s
4	2.6cm/s	2.2cm/s	2.8cm/s

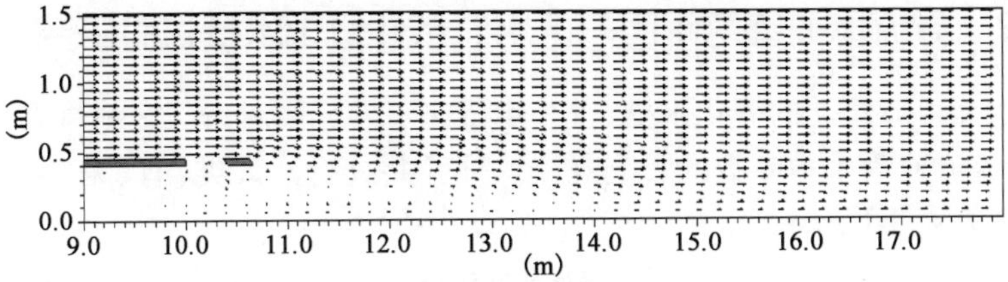

a)一个导流墩

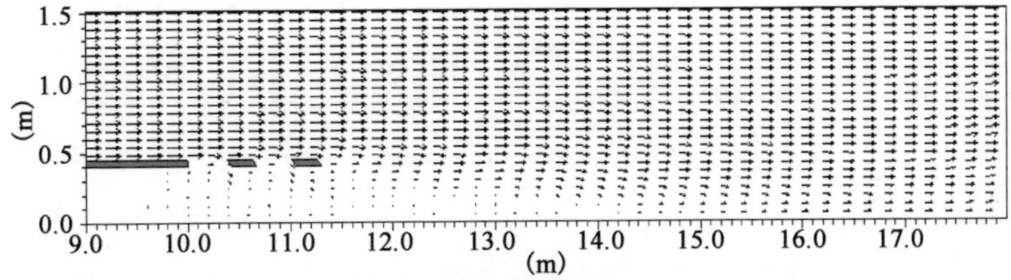

b)两个导流墩

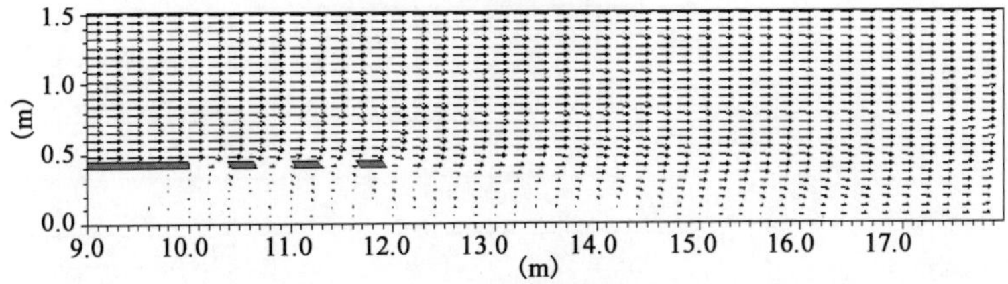

c)三个导流墩

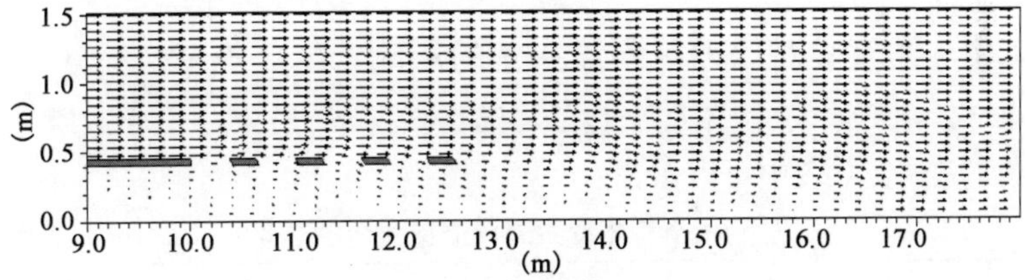

d)四个导流墩

图4.1-4　间距38cm(相对间距为1.5)不同个数导流墩的流场图

流速均匀分布的恢复距离变化　　表4.1-3

墩　数	相对间距		
	0.5	1.0	1.5
0	8.64m	8.64m	8.64m
1	8.22m	8.06m	8.26m
2	7.96m	7.54m	8.05m
3	7.50m	7.05m	7.63m
4	6.95m	6.50m	7.24m

4.2 导流墩改善船闸口门区水流条件概化水槽试验研究

采用2.4节建立的概化水槽，进一步研究了导流墩对口门区斜流夹角、横向流速、回流流速等水力参数的影响规律。试验共进行两大类(有、无导流墩)，试验组次如表4.2-1所示。

试验组次设计 表4.2-1

类别	墩长	导流墩数量	相对间距(D/L)		
			0.5	1	1.5
无导流墩	—	0	—	—	—
有导流墩	10cm	1	√	√	√
		2	√	√	√
		3	√	√	√
		4	√	√	√
	15cm	1	√	√	√
		2	√	√	√
		3	√	√	√
		4	√	√	√

注：相对间距中D指导流堤与导流墩、导流墩和导流墩之间的距离；L指导流墩的长度。

4.2.1 导流墩对口门区斜流夹角的影响

表4.2-2是不同尺寸、不同个数的导流墩情况下，最末一个导流墩处的斜向流速夹角的变化，由表中可以看出：

最后一个导流墩末斜向流速夹角的变化 表4.2-2

导流墩长度(10cm)				导流墩长度(15cm)			
导流墩个数	相对间距(D/L)			导流墩个数	相对间距(D/L)		
	0.5	1.0	1.5		0.5	1.0	1.5
1	15°	13°	15°	1	14°	12°	13°
2	13°	11°	12°	2	11°	10°	10°
3	12°	9°	10°	3	10°	8°	9°
4	10°	8°	9°	4	9°	6°	7°

(1)对于同一长度的导流墩，当相对间距(D/L)相同时，随着导流墩数量的增加，最末一个导流墩处的斜向流速的夹角呈减小的趋势，主要是由于导流墩之间的过流，使口门区内纵向流速沿程增加，最末一个导流墩处的斜向流速为主流

扩散水流与口门区内纵向流速的矢量合成,使夹角减小。

(2)对于同一长度的导流墩,相对间距(D/L)为1.0时最末一个导流墩处的斜向流速的夹角最小。

(3)相对间距(D/L)和导流墩个数 n 相同时,导流墩长度越长,最末一个导流墩处的斜向流速夹角越小。

4.2.2 导流墩对口门区横向流速的影响

从图4.2-1～图4.2-3可以看出,在船闸引航道口门区加设导流墩以后,导流墩的个数、相对间距、导流墩长度对横向流速的影响。

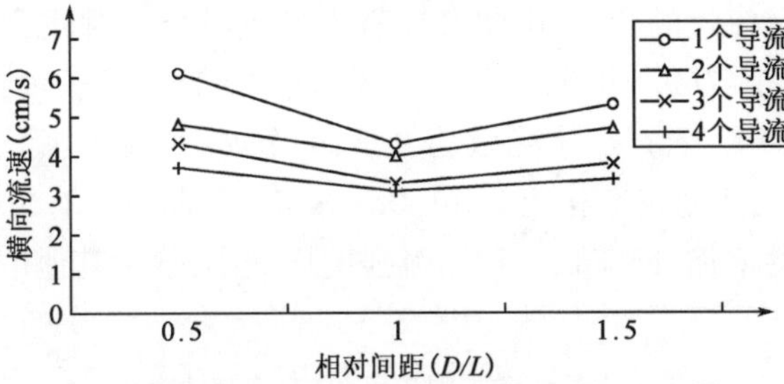

图4.2-1 横流速随导流墩个数和相对间距的变化(10cm长导流墩)

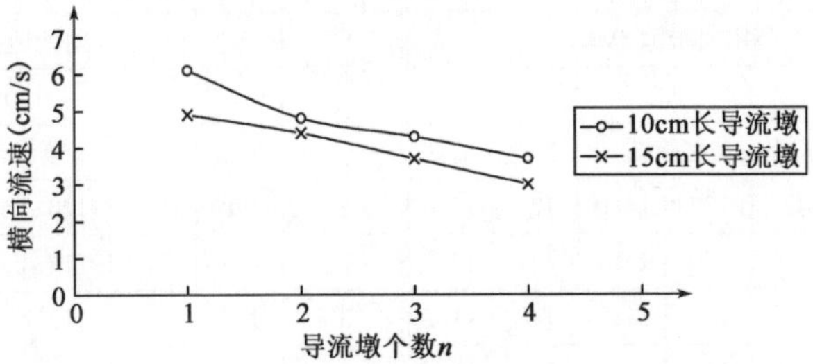

图4.2-2 横向流速随导流墩个数的变化(相对间距0.5)

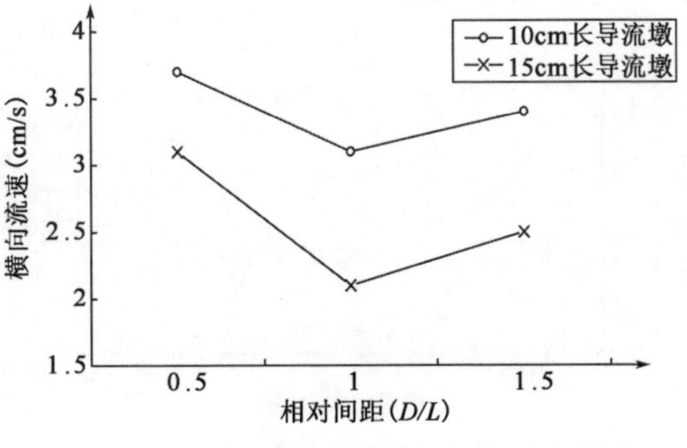

图4.2-3 横向流速随相对间距的变化(4个导流墩)

（1）对于同一长度的导流墩，当相对间距（D/L）相同时，随着导流墩数量的增加，最末一个导流墩处的横向流速呈减小的趋势。

（2）对于同一长度的导流墩，相对间距（D/L）为1.0时最末一个导流墩处的横向流速最小。

（3）相对间距（D/L）和导流墩个数 n 相同时，导流墩长度越长，最末一个导流墩处的横向流速越小。

4.2.3 导流墩对口门区回流的影响

表4.2-3、图4.2-4为不同尺寸、不同个数的导流墩情况下，最末一个导流墩末的回流区长度和流速的变化，由此可以看出导流墩个数对回流区范围和速度的影响：以相对间距（$D/L=0.5$）为例，一个导流墩时回流区长度约为126cm，最大回流流速约为14.2cm/s，导流墩为2、3、4个时，回流长度分别为124cm、117cm、112cm；最大回流速度相应为14.0cm/s、12.7 cm/s、11.5 cm/s。这表明随着导流墩个数的增加，回流长度和回流强度均减小，表中其他情况下的结果也说明了这种趋势。

最末一个导流墩末回流区长度、流速的变化 表4.2-3

导流墩长度（10cm）							导流墩长度（15cm）						
导流墩个数	相对间距（D/L）						导流墩个数	相对间距（D/L）					
	0.5		1.0		1.5			0.5		1.0		1.5	
	长度	流速	长度	流速	长度	流速		长度	流速	长度	流速	长度	流速
1	126	14.2	122	14.0	124	14.3	1	126	14.3	120	13.8	123	14.1
2	124	14.0	120	12.9	121	13.1	2	123	13.7	117	13.0	120	13.2
3	117	12.7	115	11.7	118	11.8	3	120	12.5	112	11.5	116	12.1
4	112	11.5	111	10.4	115	10.6	4	116	11.7	103	10.6	108	11.2

注：表中长度单位为cm，速度单位为cm/s。

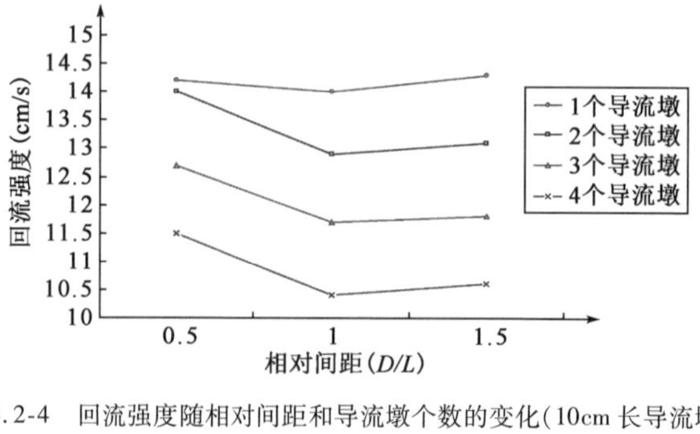

图4.2-4 回流强度随相对间距和导流墩个数的变化（10cm长导流墩）

4.2.4　导流墩对口门区流速分布的影响

在有导流墩的情况下,上游来流沿断面仍然是均匀分布的。水流绕过导流堤堤头开始扩散,但是由于导流墩的阻流作用,进入口门区的流量减小,主流区的流速和无墩相比有所增加,但总体上仍是减小的趋势,在回流范围以下,主流区流速渐渐恢复为均匀流断面。(图4.2-6为导流墩情况下流速分布图)

4.2.5　导流墩对流速均匀分布恢复距离的影响

从图4.2-5可以看出,随着导流墩个数的增加,最末一个导流墩末的恢复距离呈减小的趋势,导流墩个数相同,相对间距为1.0时,恢复距离最小。

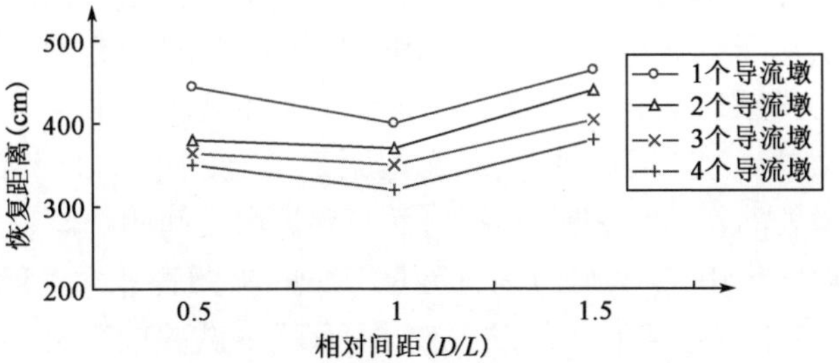

图4.2-5　恢复距离随导流墩个数和相对间距的变化

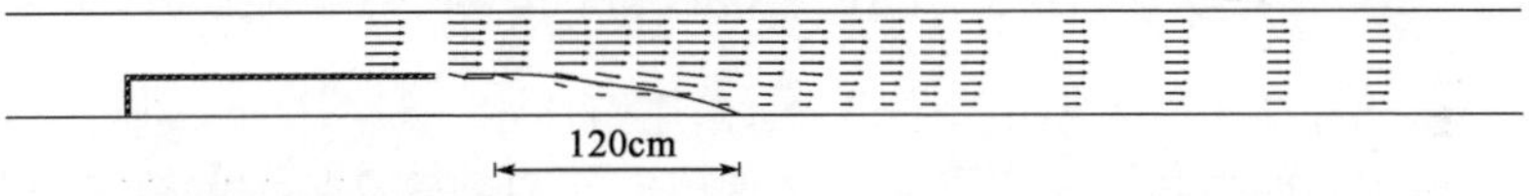

a)水深为15cm，一个导流墩(15cm)，间距15cm的断面流速分布图

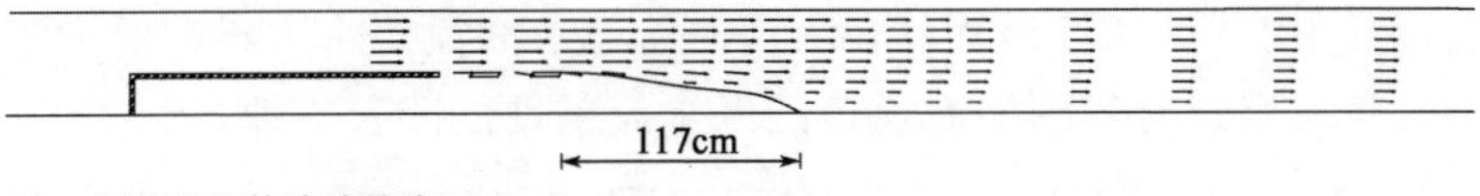

b)水深为15cm,两个导流墩(15cm)，间距15cm的断面流速分布图

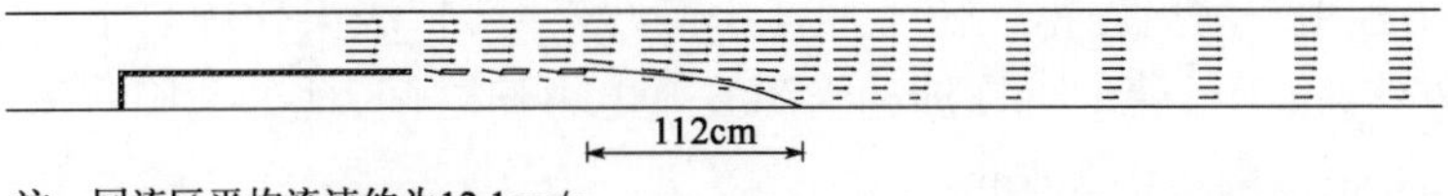

c)水深为15cm,三个导流墩(15cm),间距15cm的断面流速分布图

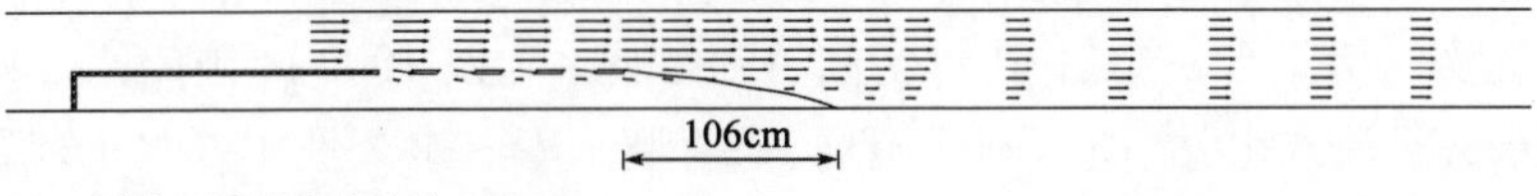

d) 水深为15cm,四个导流墩(15cm)，间距15cm的断面流速分布图

图4.2-6　有导流墩情况下的流速分布图

4.2.6 导流墩的最佳相对间距(D/L)

口门区导流墩的间距与长度之比(D/L)不同,对斜流和回流的削弱程度也不同,下面根据三种相对间距($D/L=0.5$、$D/L=1.0$、$D/L=1.5$)的试验结果分析其影响。

从表4.2-3中可以看出,当导流墩数量相同时,以一个导流墩为例:$D/L=0.5$时,墩末斜向流速的夹角为15°,$D/L=1.0$、$D/L=1.5$时,墩末斜向流速的夹角相应为13°、15°。可见,在一个导流墩情况下,$D/L=1.0$时,效果是最佳的,此时墩末斜向流速的夹角最小,分析2、3、4个导流墩时,同样可以得出此结论。

导流墩对回流长度和强度、流速均匀分布的恢复距离的影响也反映出同样的规律。因此,对于导流墩同一长度、相同数量时,相对间距$D/L=1.0$时效果最佳。这是因为最末一个导流墩处的斜向流速为主流扩散水流与口门区内流速的矢量合成;当导流墩之间的缺口(相对间距D/L)很小时,口门区过流量、流速很小,对导流墩处的斜向流速影响较小;而当导流墩之间的缺口(相对间距D/L)过大时,导流墩的作用减小,口门区过流量、流速、夹角都较大。所以,导流墩的相对间距适当时才会达到最佳的改善效果,而就本试验的三种相对间距而言,$D/L=1.0$的效果是最佳的。

4.3 导流墩改善船闸口门区水流条件整体模型试验研究

本节依托湘江土谷塘航电枢纽工程,采用整体水工模型试验,进行了导流墩改善枢纽船闸引航道口门区通航水流条件研究系列试验。根据试验观测到的数据和水流现象,分析导流墩不同平面布置型式,包括导流墩数量、导流墩间距以及导流墩布置角度对口门内斜流角度、横向流速及回流等水力参数的影响,总结导流墩平面布置型式对船闸引航道口门区水流条件的改善规律。

4.3.1 依托工程概况及设计方案工程布置

依托工程土谷塘航电枢纽位于湘江中游,是湘江梯级渠化中自下而上的第4个梯级枢纽,位于已建的近尾洲和大源渡航电枢纽之间,地处衡阳市衡南县新县城附近,下距衡阳市约30km。

土谷塘航电枢纽以通航为主,兼有发电、灌溉、改善滨水景观等综合效益。主要建筑物包括3台机组、1孔排污闸、17孔泄水闸及1000吨级船闸。枢纽工程为低水头径流式电站、泄水闸式闸坝、槽蓄型水库。永久性主要水工建筑物设计洪水为50年一遇、校核洪水为500年一遇。枢纽正常蓄水位为58.0m,死水位为57.5m,枢纽最低运行水位为55.2m,库容为$2.42\times10^8\text{m}^3$。

土谷塘航电枢纽工程布置有左岸船闸和右岸船闸两种布置方案，本项研究在右岸船闸方案基础上进行。

土谷塘航电枢纽右岸船闸设计方案各建筑物布置从左至右依次为电站(3台机组)、1孔排污闸、17孔泄水闸及1000吨级船闸(工程布置见图4.3-1)。船闸布置在右岸台地上，为单线单级船闸，突出于下游，船闸中心线与坝轴线垂直。船闸设计最大通航流量为13500m^3/s(10年一遇)，最小通航流量为0m^3/s(与大源渡枢纽库区回水衔接)，闸室尺度为180m×23m×3.5m(长×宽×门槛水深)，上、下闸首各长30m。船闸引航道布置型式为不对称型，船舶采用曲进直出方式进出船闸，上、下游引航道导流堤均为斜坡实体式，长度均为650m；上、下游引航道底宽均为45m，口门底宽分别为70m、80m；上、下游引航道底高程分别为53.0m、44.9m；泄水闸为17孔，泄流宽度为340m，泄水闸闸孔净宽20m，闸墩宽度3m，墩顶高程为69.0m，闸室长度为29m，泄水闸底板采用WES实用堰，堰顶高程为46.0m。泄水闸采用弧形闸门挡水，闸门顶高程为58.5m。左侧靠电站位置布置1孔排污闸，排污闸净宽5m；电站与排污闸间以导流墙相隔，其中上游导墙长55m，下游导墙长50m。电站为3台机组，单机最大引流量为446m^3/s，布置在河床左侧，为河床式厂房。

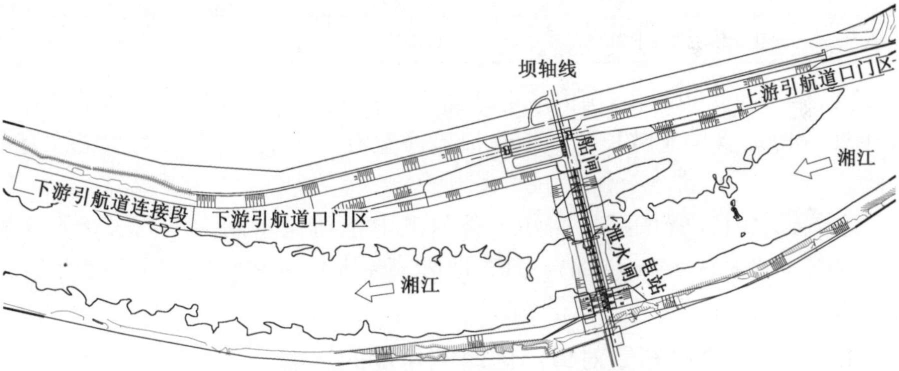

图4.3-1　右岸船闸设计方案工程布置图

4.3.2　导流墩长度的选取

导流墩的阻流作用是改善口门区斜流和回流的重要因素，因此其阻流作用的大小直接影响到口门区水流条件的改善效果，而导流墩的长度恰是控制其阻流作用的重要参数，若导流墩长度过短，其阻流效果将明显减弱，对进入口门区的水流动量起不到相应的削弱作用，口门区的回流和斜流改善效果不明显；若导流墩过长，虽然其阻流效果有所增强，但引入口门区的水量过少，则对导流墩末端斜向扩散水流的调整作用会减弱，使口门区末端的斜流改善效果不明显。另外，从工程布置美观角度，导流墩的长度要和枢纽总体布置及河宽等相协调，同时导流墩结构稳定性也是需考虑的重要因素。

总之，导流墩长度的选取受限制因素较多，对于导流墩长度的选取，本书参考了国内采用导流墩作为口门区水流条件改善措施的其他已建和在建枢纽工程。目前，国内采用导流墩作为口门区水流条件改善措施的已建和在建枢纽工程分别有湘江大源渡航电枢纽、湘江株洲航电枢纽、湘江长沙综合枢纽、松花江大顶子山航电枢纽、依兰航电枢纽和右江鱼梁航电枢纽等，其采用的导流墩长度及枢纽泄流净宽参数见表4.3-1。

国内航电枢纽船闸口门区布置导流墩长度与泄流净宽统计表　表4.3-1

序号	工 程 名 称	泄流净宽(m)	单个导流墩长度(m)
1	湘江大源渡航电枢纽	480	25
2	湘江株洲航电枢纽	480	25
3	松花江大顶子山航电枢纽	760	40
4	右江鱼梁航运枢纽	144	20
5	湘江长沙综合枢纽	572(主汊)	30
6	松花江依兰航电枢纽	600	30

由表4.3-1可以看出，国内航电枢纽工程船闸口门区布置导流墩的长度一般在20～40m，且导流墩长度和枢纽泄流净宽有一定关系，大约为泄流净宽的1/20。

本节研究内容所依托的湘江土谷塘航电枢纽泄水闸为17孔，单孔净宽20m，泄流总净宽为340m。综合考虑，选取试验研究的单个导流墩长度为22m，宽度为3.0m。

4.3.3 导流墩布置对口门区斜流角度的影响

斜流角度是表征口门区斜向流速的主要参数，试验在两级典型流量下($8700m^3/s$、$13500m^3/s$)进行，共进行了不同导流墩个数($N=2$、3、4、5)和不同导流墩间距($D=0.5L$、$1.0L$、$1.5L$，L为导流墩长度)多种组合布置工况口门区斜流偏角的研究。

不同导流墩布置工况，下游口门区流场见图4.3-2和图4.3-3。同时，试验选取了口门下100m、200m和300m三个不同位置航中线附近斜流偏角变化以及最末导墩下游扩散水流偏角变化情况，见表4.3-2～表4.3-5。

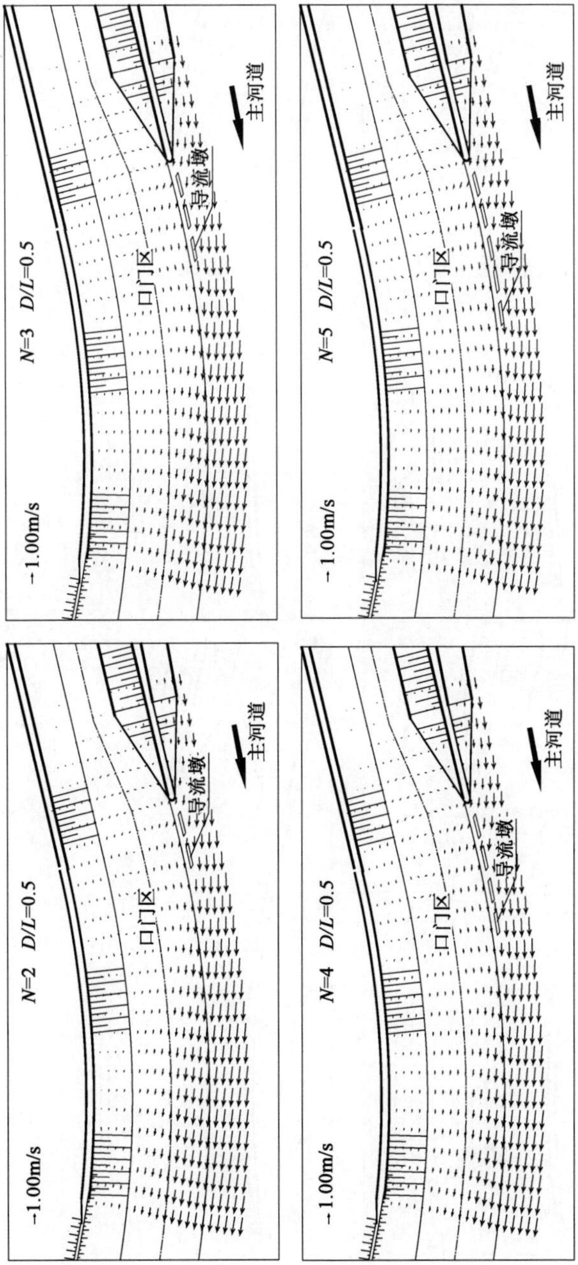
N=3　D/L=0.5
1.00m/s
口门区
导流墩
主河道
N=5　D/L=0.5
1.00m/s
口门区
导流墩
主河道
N=2　D/L=0.5
1.00m/s
口门区
导流墩
主河道
N=4　D/L=0.5
1.00m/s
口门区
导流墩
主河道

a)

图 4.3-2

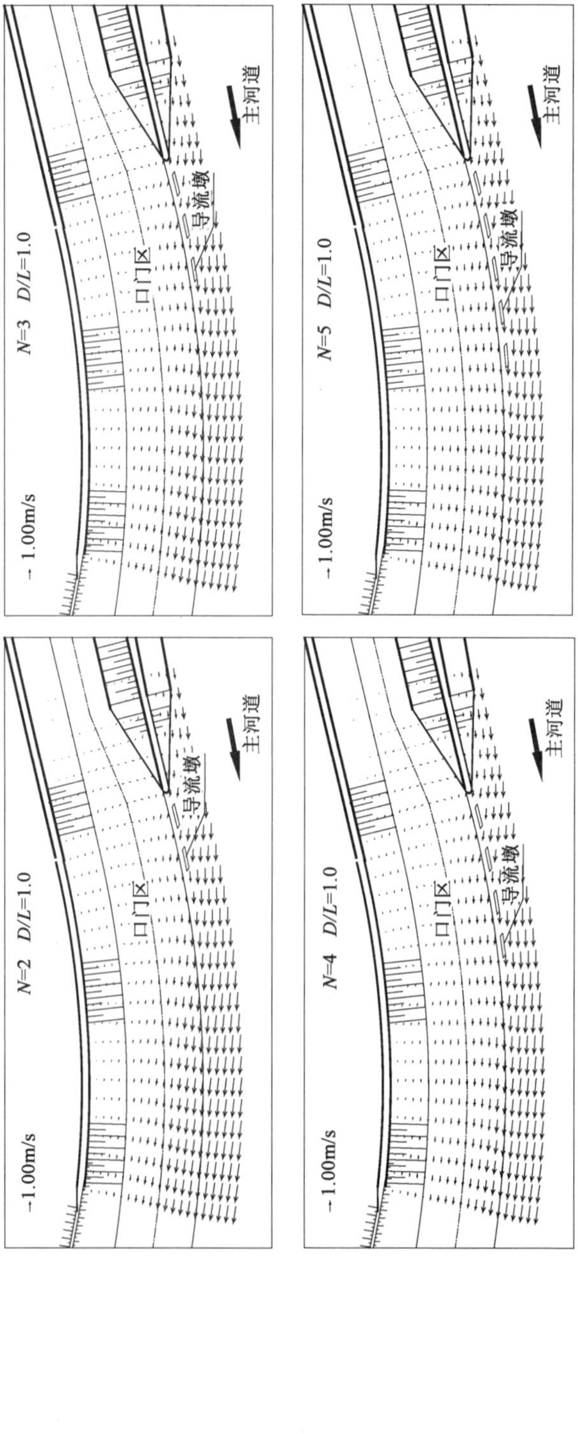
N=2 D/L=1.0
1.00m/s
口门区
导流墩
主河道
N=3 D/L=1.0
1.00m/s
口门区
导流墩
主河道
N=4 D/L=1.0
1.00m/s
口门区
导流墩
主河道
N=5 D/L=1.0
1.00m/s
口门区
导流墩
主河道

b)

图 4.3-2

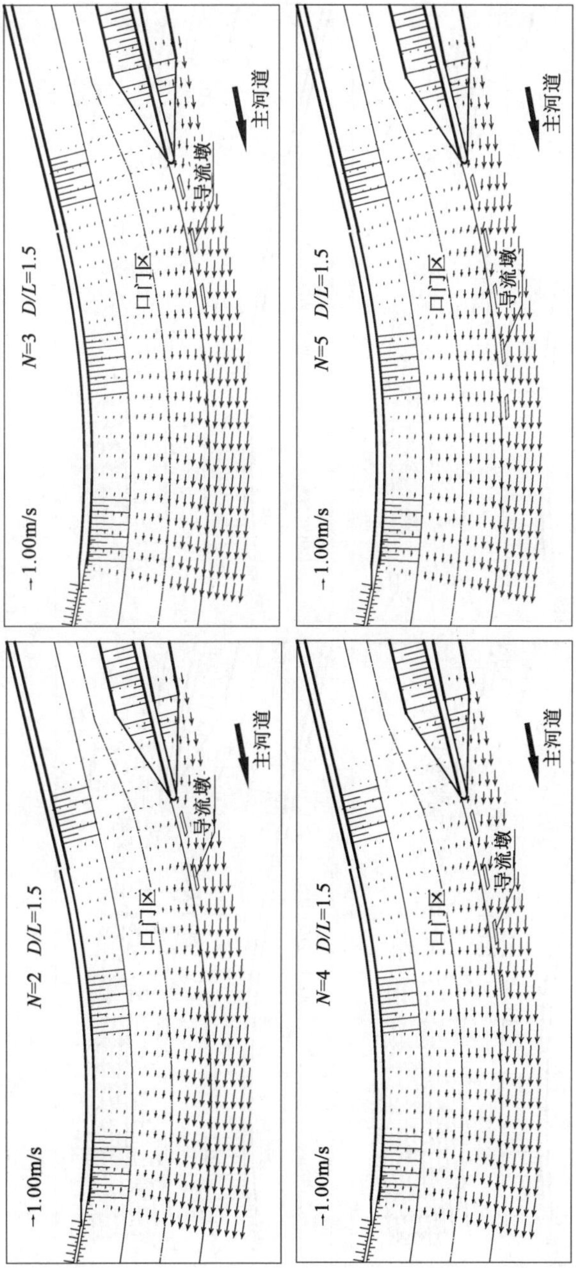

c)

图4.3-2　不同导流墩布置口门区流场图(Q=8700m^3/s)

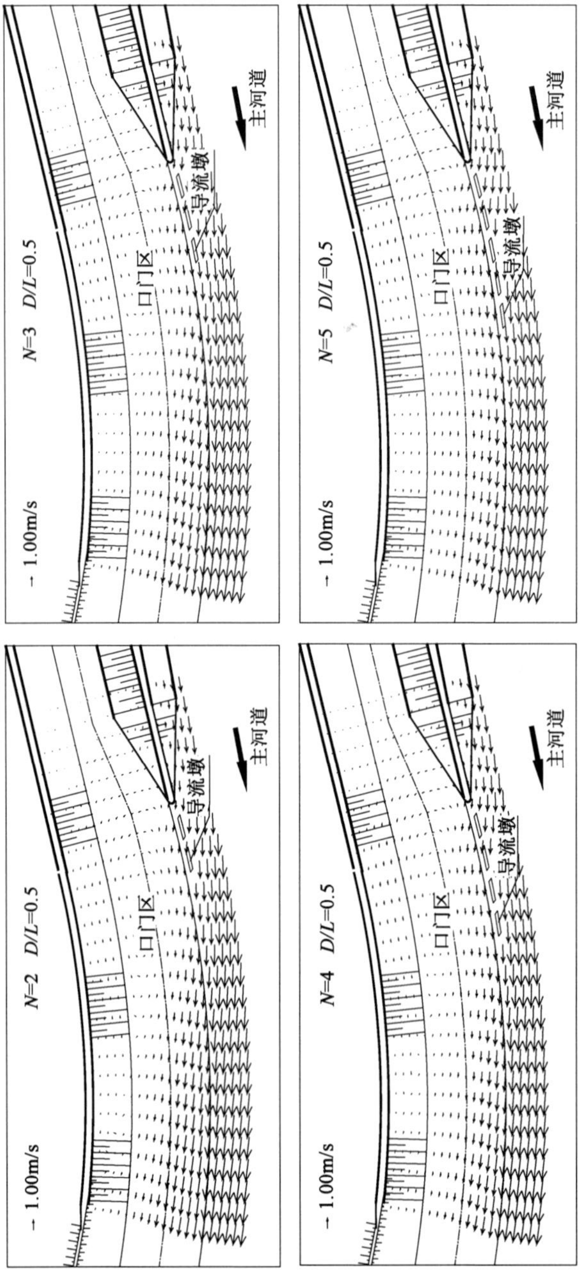

1.00m/s
N=2 D/L=0.5
口门区
导流墩
主河道
1.00m/s
N=3 D/L=0.5
口门区
导流墩
主河道
1.00m/s
N=4 D/L=0.5
口门区
导流墩
主河道
1.00m/s
N=5 D/L=0.5
口门区
导流墩
主河道

a)

图 4.3-3

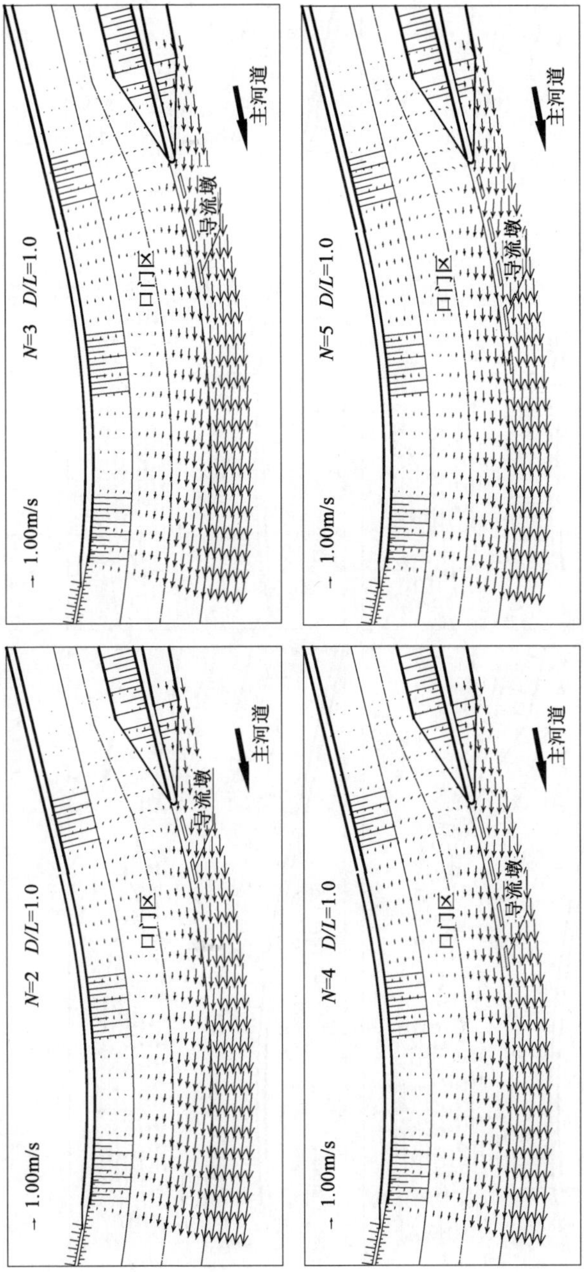
1.00m/s
N=2 D/L=1.0
口门区
导流墩
主河道
1.00m/s
N=3 D/L=1.0
口门区
导流墩
主河道
1.00m/s
N=4 D/L=1.0
口门区
导流墩
主河道
1.00m/s
N=5 D/L=1.0
口门区
导流墩
主河道

b)

图 4.3-3

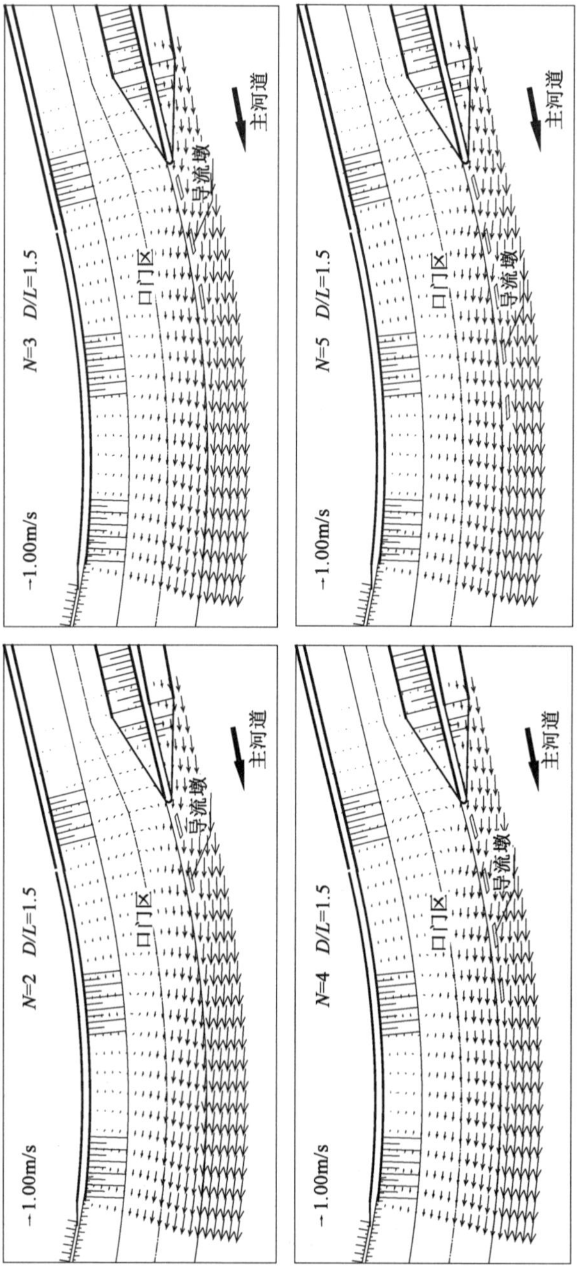

c)

图4.3-3 不同导流墩布置口门区流场图（Q=13500m³/s）

不同导流墩布置工况堤头下 **100m** 处水流偏角变化 表 4.3-2

流量 8700m³/s				流量 13500m³/s			
导墩个数	相对间距			导墩个数	相对间距		
	0.5*L*	1.0*L*	1.5*L*		0.5*L*	1.0*L*	1.5*L*
0	15°			0	12.5°		
2	10.7°	10.1°	11.9°	2	10.1°	10°	10.6°
3	4.2°	8.1°	8.7°	3	5.4°	7.1°	7.8°
4	3.8°	6.2°	7.1°	4	2.7°	4.8°	6.9°
5	3.3°	4.8°	6.5°	5	2.3°	4.5°	6.1°

不同导流墩布置工况堤头下 **200m** 处水流偏角变化 表 4.3-3

流量 8700m³/s				流量 13500m³/s			
导墩个数	相对间距			导墩个数	相对间距		
	0.5*L*	1.0*L*	1.5*L*		0.5*L*	1.0*L*	1.5*L*
0	12.3°			0	11.4°		
2	10.7°	10.4°	10.5°	2	10.2°	10°	10.2°
3	7.4°	7°	6.6°	3	8.2°	7.9°	7.3°
4	4.7°	2.5°	3.4°	4	6.9°	4.4°	5.7°
5	1.7°	1.5°	4.7°	5	2.6°	2.9°	4.8°

不同导流墩布置工况堤头下 **300m** 处水流偏角变化 表 4.3-4

流量 8700m³/s				流量 13500m³/s			
导墩个数	相对间距			导墩个数	相对间距		
	0.5*L*	1.0*L*	1.5*L*		0.5*L*	1.0*L*	1.5*L*
0	7.3°			0	6.8°		
2	7.1°	6.9°	6.7°	2	6.6°	6.6°	6.5°
3	6.5°	6°	6.2°	3	6.1°	6°	5.7°
4	6.1°	3. 9°	2.6°	4	5.6°	4.6°	4.9°
5	4°	1.7°	1.8°	5	4.1°	3.3°	2.6°

不同导流墩布置工况最末导墩下游水流扩散角度　　表4.3-5

流量 $8700m^3/s$				流量 $13500m^3/s$			
导墩个数	相对间距			导墩个数	相对间距		
	0.5*L*	1.0*L*	1.5*L*		0.5*L*	1.0*L*	1.5*L*
0	15.2°			0	13.3°		
2	11.5°	11°	10.4°	2	10.5°	9.7°	10.2°
3	10.1°	9.9°	9.5°	3	8.9°	8.7°	8.3°
4	9.6°	7.3°	5.3°	4	8.3°	6.3°	5.1°
5	6.3°	4.7°	4.3°	5	5.5°	4.4°	4°

从图、表中可以看出，导堤下游布置导流墩后，口门区内的水流偏角与设计方案相比明显减小，且不同的导流墩布置方案对口门区内水流偏角的影响规律如下：

(1)同一间距条件下，随着导流墩个数的增加，斜流偏角逐渐减小。

(2)相同的导流墩数量，不同导流墩间距对口门区内不同区域的斜流角度影响规律不同。

①在布置的导流墩长度范围内，随着间距的增大，水流偏角增大。

②在布置的导流墩长度范围外，随着间距的增大，水流偏角减小。

口门区内不同水域水流偏角的变化规律异同的原因在于：在导流墩范围以内的口门区水域，其水流条件主要受各导流墩之间间隙过流影响，间距越大，通过导流墩间隙进入口门区的水量就越大，导流墩的导流效果相应地就有所减弱，水流偏角就越大；而导流墩长度以外的水流主要是由过最末一个导流墩后扩散进入口门区的水流（斜向流）和从导墩间隙进入口门区的水流（调顺流）汇流合成，导墩间距越大，从导墩间隙进入口门区的水流（调顺流）流量越大，扩散水流受导墩间过流量的影响越明显，偏角就越小。

4.3.4　导流墩布置对口门区横流的影响

由口门区水流对船舶航行的影响分析，可以看出口门区内斜流在垂直航线方向上的分量（横流）是使船舶产生扭转和漂移，从而影响船舶正常航行的最为重要的参数。我国航运部门为了航运的安全，对引航道口门区的横向流速的大小提出了相应的限定值(0.3m/s)，因此通过分析口门区内横流流速的大小，便可判断其水流条件的优劣。各种导流墩布置工况、船闸下游口门区流场分布情况见图4.3-2和图4.3-3,船闸下游口门区不同位置横向流速变化以及最末导流墩下游最大横向流速变化见表4.3-6～表4.3-9。

不同导流墩布置堤头下100m处横流变化(m/s)　　表4.3-6

流量8700m³/s				流量13500m³/s			
导墩个数	相对间距			导墩个数	相对间距		
	0.5*L*	1.0*L*	1.5*L*		0.5*L*	1.0*L*	1.5*L*
0	0.34			0	0.36		
2	0.09	0.21	0.23	2	0.16	0.30	0.32
3	0.05	0.13	0.13	3	0.11	0.21	0.24
4	0.03	0.08	0.10	4	0.08	0.14	0.17
5	0.03	0.06	0.10	5	0.06	0.11	0.15

不同导流墩布置堤头下200m处横流变化(m/s)　　表4.3-7

流量8700m³/s				流量13500m³/s			
导墩个数	相对间距			导墩个数	相对间距		
	0.5*L*	1.0*L*	1.5*L*		0.5*L*	1.0*L*	1.5*L*
0	0.4			0	0.46		
2	0.31	0.30	0.31	2	0.38	0.36	0.38
3	0.23	0.21	0.19	3	0.28	0.28	0.25
4	0.13	0.09	0.11	4	0.25	0.15	0.16
5	0.05	0.04	0.08	5	0.11	0.09	0.13

不同导流墩布置堤头下300m处横流变化(m/s)　　表4.3-8

流量8700m³/s				流量13500m³/s			
导墩个数	相对间距			导墩个数	相对间距		
	0.5*L*	1.0*L*	1.5*L*		0.5*L*	1.0*L*	1.5*L*
0	0.25			0	0.3		
2	0.24	0.23	0.23	2	0.28	0.26	0.28
3	0.20	0.18	0.19	3	0.24	0.23	0.23
4	0.19	0.11	0.14	4	0.21	0.15	0.18
5	0.13	0.08	0.08	5	0.15	0.11	0.14

最末导流墩下游口门区内最大横向流速变化(m/s)　　表4.3-9

流量$8700m^3/s$				流量$13500m^3/s$			
导墩个数	相对间距			导墩个数	相对间距		
	0.5L	1.0L	1.5L		0.5L	1.0L	1.5L
0	0.41			0	0.50		
2	0.36	0.36	0.38	2	0.43	0.41	0.44
3	0.30	0.26	0.29	3	0.35	0.35	0.33
4	0.26	0.18	0.16	4	0.33	0.23	0.30
5	0.16	0.11	0.13	5	0.20	0.16	0.18

可以看出,不同导流墩布置工况对下游口门区水流横向流速的影响有以下规律:

(1)同一间距条件,随着导流墩个数的增加,口门区内的横向流速逐渐减小。

(2)相同的导墩个数,不同导墩间距对口门区横向流速变化规律:

①在布置的导流墩长度范围内,随着间距的增大,水流横向流速增大。

②在布置的导流墩长度范围外,间距$D=1.0L$要优于其他两个试验间距。

在导流墩范围以内的口门区水域,其水流条件主要受导流墩间隙过流的影响,在相同的导墩数量下,间距越大,其过流量越大,相应的水流流速及水流偏角均有所增大,因此横向流速也就越大;而导流墩以外的口门区水域,随着导墩间距的增大,水流流速越大,但水流偏角却逐渐减小。从试验测量数据总体来看,间距$D=1.0L$时要优于$D=0.5L$和$D=1.5L$的布置工况。

4.3.5 导流墩布置对口门区回流的影响

表4.3-10和表4.3-11是不同流量下,各种导流墩布置工况口门区内回流长度和最大回流速的变化情况,由表可以看出:

(1)相同导流墩间距,随着导流墩个数的增加,回流区的长度逐渐减小,且导流墩间距越小,回流区长度随导流墩数量的变化越明显。

以枢纽下泄流量$8700m^3/s$为例,导流墩间距$D=0.5L$,导流墩数量$N=0$、2、3、4、5布置工况下,口门区内的回流长度分别为240m、180m、140m、120m、100m;导流墩间距$D=1.5L$,导流墩数量为0、2、3、4、5布置工况下,口门区内的回流长度分别为240m、200m、200m、180m、180m。

(2)相同的导流墩数量,随着导流墩间距的增加,口门区内的回流长度逐渐增大,且导流墩数量越多,回流区长度随导流墩间距的变化越明显。

以枢纽下泄流量 8700m^3/s 为例,导流墩数量 $N=5$,导流墩间距 $D=0.5L$、$1.0L$、$1.5L$ 时,口门区内的回流长度分别为 100m、160m、180m;导流墩数量 $N=2$,导流墩间距 $D=0.5L$、$1.0L$、$1.5L$ 时,口门区内的回流长度分别为 180m、200m、200m。

(3)相同导流墩间距,随着导流墩个数的增加,回流强度逐渐减小。

以枢纽下泄流量 13500m^3/s 为例,导流墩间距 $D=1.0L$,导流墩数量 $N=0$、2、3、4、5 布置工况下,口门区内的最大回流流速分别为 0.4m/s、0.31m/s、0.3m/s、0.23m/s、0.22m/s。

(4)从相同的导墩数量,不同导流墩间距布置情况下口门区内的回流强度来看,在试验的 3 个间距条件下,$D=1.5L$ 稍大,$D=1.0L$ 和 $D=0.5L$ 时,回流强度相差不大,总体来看 $D=1.0L$ 略优。

不同导流墩布置口门区内回流长度变化(m)　　表 4.3-10

流量 8700m^3/s				流量 13500m^3/s			
导墩个数	相对间距			导墩个数	相对间距		
	0.5L	1.0L	1.5L		0.5L	1.0L	1.5L
0	240			0	320		
2	180	200	200	2	320	320	320
3	140	180	200	3	280	300	300
4	120	160	180	4	260	260	280
5	100	160	180	5	240	260	280

不同导流墩布置口门区内回流流速变化(m/s)　　表 4.3-11

流量 8700m^3/s				流量 13500m^3/s			
导墩个数	相对间距			导墩个数	相对间距		
	0.5L	1.0L	1.5L		0.5L	1.0L	1.5L
0	0.32			0	0.40		
2	0.18	0.19	0.23	2	0.32	0.31	0.34
3	0.16	0.18	0.19	3	0.3	0.3	0.31
4	0.15	0.14	0.17	4	0.25	0.23	0.26
5	0.13	0.13	0.15	5	0.22	0.22	0.23

4.3.6 导流墩数量和相对间距研究

通过上述不同导流墩布置对口门区内水流偏角、横向流速、回流长度以及回流流速等水流参数的影响分析可以看出，随着导流墩数量的增加，上述水力参数的值都在逐渐减小。由此表明，导流墩布置的数量越多，口门区水流条件越优。

口门区导流墩的间距与长度之比（D/L）不同，对斜流和回流的削弱程度也不同，由于最末一个导流墩下游扩散水流的斜向流速为主流扩散水流与口门区内流速的矢量合成，当导流墩之间的缺口（相对间距 D/L）很小时，口门区过流量、流速很小，对导流墩下游的斜向流速影响较小，而当导流墩之间的缺口（相对间距 D/L）过大时，导流墩的作用减小，口门区过流量、流速、夹角都较大。所以导流墩的相对间距适当时才会达到最佳的改善效果。

根据三种相对间距（$D/L=0.5$、$D/L=1.0$、$D/L=1.5$）的试验成果分析可以看出，口门区不同水域内水力参数受导墩间距的影响不尽相同。其中布置导流墩长度范围以内水域，随着导墩间距的增大，水流偏角和横向流速均有所增大；而布置导流墩长度以外水域，导墩间距越大，水流偏角越小，且导墩间距 $D/L=1.0$ 时，横向流速最小；从不同的导流墩间距对口门区内的回流影响看出，$D/L=1.0$ 时，回流强度略小。

综合上述分析，同时结合整个口门区的水流条件来看，在相同的导墩数量条件下，对于本试验的三种相对间距而言，导墩间距 $D/L=1.0$ 时，口门区水流条件改善最优。

4.3.7 导流墩布置角度研究

通过前面章节的研究分析可知，导流墩在相对间距 $D/L=1.0$ 时，其改善口门区水流条件的效果最佳，且随着导墩个数的增加，效果越明显。但以上均是针对同一种摆放方式下（导流墩方向与航线平行）导流墩对口门区水流条件的改善研究，不同的导流墩摆放方式势必会对口门区水流条件产生不同程度的影响，因此导流墩不同摆放方式（即导流墩与航线之间形成一定的夹角）对口门区水流条件的影响也是需研究的重要内容。

该项试验在口门区导流墩数量 $N=4$、相对间距 $D=1.0L$ 前提条件下，共进行了偏角分别为 0°（导墩与航线平行）、10°（逆时针旋转 10°）、20°（逆时针旋转 20°）和 −10°（顺时针旋转 10°）4 种工况的研究（具体布置见图 4.3-4）。不同导流墩摆放角度下游口门区流场分布、斜流及回流参数变化见图 4.3-5、表 4.3-12 和表 4.3-13。

试验表明，导流墩的右偏（−10°）顺应了进入口门区扩散水流的方向，导致其导流效果减弱,口门区内的水流偏角、横纵向流速均有所增大;相反,若导流墩左偏(10°、20°),其阻流作用明显增强,相应的引入口门区的水量减小,流速减缓,但是由于导流墩的阻流作用,其周围附近水流流态紊乱,水流通过导流墩间空隙进入口门区的偏角明显增大,同时在每个导流墩右侧航道附近均产生有不稳定的小回流区,且随着导流墩左偏角度的增大,进入口门区斜流的角度以及导墩右侧航道内几个小回流区的范围和强度也明显增强。

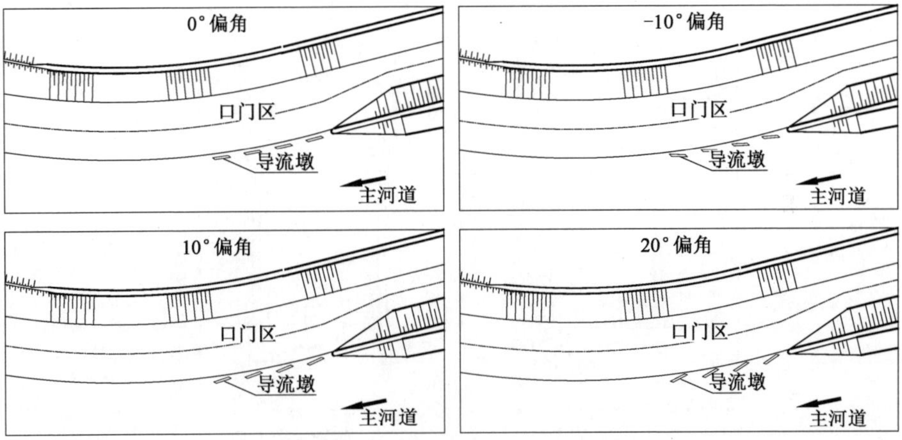

图 4.3-4 导流墩不同偏角布置示意图

导流墩不同布置角度口门区水力参数变化 表 4.3-12

参数	导墩布置角度			
	-10°	0°	10°	20°
偏角(°)	12	10.7	18.6	33.1
横流(m/s)	0.28	0.23	0.22	0.24
纵流(m/s)	1.34	1.23	0.66	0.37

导流墩不同布置角度口门区回流参数变化 表 4.3-13

导墩偏角	回流长度(m)	最大回流流速(m/s)
-10°	280	0.32
0°	300	0.23
10°	140	0.31
20°	100	0.34

从航中线右侧回流区的变化情况来看,导流墩的右偏(-10°),由于水流偏角的增大,回流长度稍有减小,但水流流速的增加使得回流强度有所增强;导流

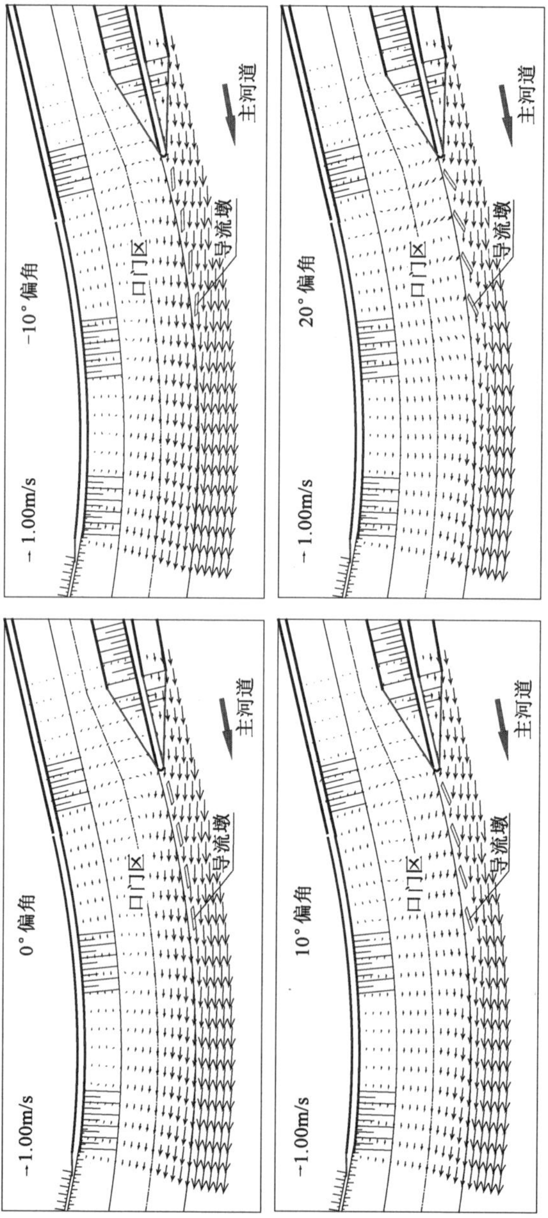

图4.3-5 导流墩不同偏角下游口门区流场图

墩左偏(10°、20°),导墩间入汇水流偏角的明显增大,使得航中线右侧的回流区向引航道内压缩,回流长度明显减小,但回流流速有所增大。

由此可见,从试验的4种导流墩布置角度来看,导流墩的右偏使得口门区内的流速和偏角及回流强度都有所增大,水流条件更加恶劣;导流墩的左偏,虽然使得口门区内的流速明显减小,但是导墩间引流角度的增大、口门区回流强度的增加以及导墩右侧附近航道内的连续的小回流区均对船舶的安全航行有很大影响,因此其水流条件也逊于导流墩沿航线平行布置。

4.4　导流墩改善口门区水流条件机理

4.4.1　导流墩削弱回流机理

在水面宽度突然收缩和扩大的条件下,水流在惯性力的作用下继续前进,水流交界处的静水区域由于受到来流摩擦的影响发生运动,这股流被称为摩擦流,远离界面则出现相反的流动,称为补偿流,它在重力的作用下运动。导流堤堤头附近的水体在切应力作用下随主流向前运动,摩擦流向边壁流动,使水位抬高,从而产生了正向压力差,使得边壁内侧的水体开始向逆水流方向运动,形成口门区回流的重力补偿流,从而维持口门区回流得以持续恒定地运动。摩擦流与补偿流形成的回转运动即为回流。摩擦流一般流带较窄,流速较大;补偿流则相反,流带宽,流速小。摩擦流越强,回流的强度越大。产生回流的主动力就是主流施加在界面的侧向摩擦力,根据动量定律摩擦流与主动力的关系为:

$$Ft = Mu \tag{4.4-1}$$

式中:F——主流作用于界面的力和摩擦流壁面阻力;

M——摩擦流的质量;

u——摩擦流的断面平均流速;

t——力的作用时间。

$$F = \alpha\tau h_0 L \tag{4.4-2}$$

式中:α——主动力占总作用力的比例系数;

τ——界面侧向切应力;

h_0——界面处水深;

L——作用长度。

$$\tau = \rho \frac{f}{4}\frac{u_0^2}{2} \tag{4.4-3}$$

式中:ρ——水流密度;

f——主流侧面阻力系数;

u_0——主流在界面处的平均流速。

$$M = \rho Q_r t = \rho h b_r u t \tag{4.4-4}$$

式中：h——回流区水深；

b_r——摩擦流平均宽度，为主动力 τ 的作用长度 l 及突扩宽度 b 的函数。

将上式联立可得：

$$u = k\left(\frac{l}{b_r}\right)^{1/2}\left(\frac{h_0}{h}\right)^{1/2} u_0 \tag{4.4-5}$$

式中的 b_r 与边界条件有关，较难确定。

式(4.4.5)揭示了影响回流强度的一些主要因素，由此可以寻求削弱回流的途径：

(1)减小来流流速 u_0。

(2)增大引航道口门区水深 h。

(3)减小主动力的作用长度 l。

在引航道口门区设置导流墩即是通过减小主动力长度来减小回流流速。沿导流堤于航道外侧布置 N 个导流墩，间距为 D，一方面把大的回流分解成若干个不连续的小的回流，由于主动力作用长度短，回流强度将减弱；另一方面由于相邻导流墩间隔处有动量交换，可使主流流速沿程降低，回流强度将依次减弱。

4.4.2 导流墩削弱斜流的原理

在无导流墩情况下，上游来流在单宽上动量沿断面分布是近似均匀的。水流绕过导流堤头后开始扩散，由于斜流夹角较大，在 x 方向动量分量大，对航行船舶不利。由于阻力较小，恢复距离 L 较长，如图 4.4-1 所示。

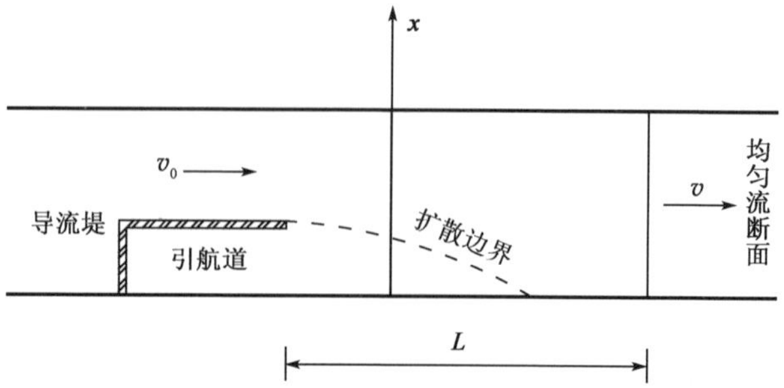

图 4.4-1 口门区无导流墩的情况

在有导流墩情况下，上游来流在单宽上动量沿断面分布同样是近似均匀的。水流绕过导流堤头后开始扩散，但由于导流墩的阻流作用，进入口门区流量减小，即使是斜流夹角较大，但 x 方向动量分量减小。如果设置的导流墩不止 1

个，在口门区航道内流量是沿程增加的，水流动量也沿程增加，在最后一个导流墩处恢复距离 L 变短；最后一个墩末的斜向水流是扩散水流与船闸引航道口门区纵向流速的合成，由于口门区的流量增加，纵向流速也随之增加，则最末一个导流墩处的斜向水流夹角和横向流速均减小，因此导流墩也就达到了削弱斜流、缩短流速均匀分布恢复距离的目的，如图 4.4-2 所示。

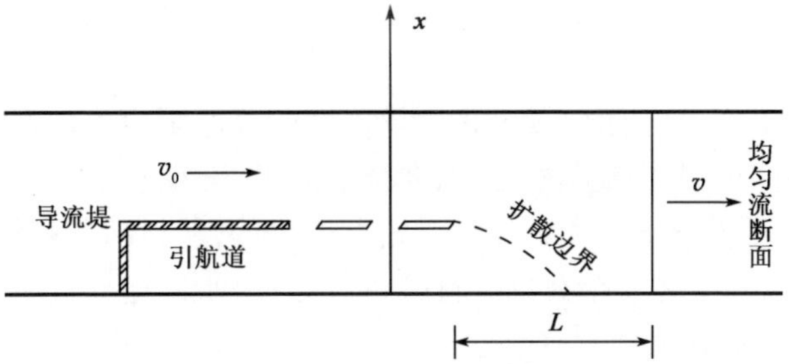

图 4.4-2　口门区有导流墩的情况

4.5　导流墩改善口门区水流条件布置规律

通过采用二维水流数学模型、概化水槽试验、整体水工模型系列试验对导流墩改善口门区水流条件的规律进行研究，3 种技术手段下的研究结果一致，由此总结得出导流墩改善口门区水流条件布置规律如下：

（1）导流墩可以有效地改善船闸引航道口门区的通航水流条件，其导流效果显著。

（2）船闸口门区布置的单个导流墩长度一般在 20～40m 为宜，且大约为枢纽泄流净宽（分汊河道为影响口门区水流一汊泄流净宽）的 1/20。

（3）在口门区布置的导流墩数量越多，其改善水流条件的效果越明显。

（4）在相同的导流墩数量条件下，导流墩间距 $D=1.0L$（L 为导流墩长度）时，对水流条件的改善效果最佳。

（5）导流墩布置角度与航线平行时，对水流条件的改善效果最优。

第5章　导流墩技术应用案例分析

近年来，国内航电枢纽建设中采用导流墩改善船闸口门区水流条件的工程实例较多，如湘江大源渡航电枢纽、株洲航电枢纽、长沙综合枢纽、松花江大顶子山航电枢纽、依兰航电枢纽和右江鱼梁航电枢纽等，从目前运行情况来看，其效果良好。本章将对上述3个案例进行分析，以进一步阐述导流墩改善口门区通航水流条件的技术应用。

5.1　右江鱼梁航运枢纽船闸口门区导流墩应用技术分析

5.1.1　枢纽概况

右江鱼梁航运枢纽位于广西右江下游河段，为郁江综合利用规划梯级中的第五个梯级，是一座以航运为主、结合发电，兼顾其他效益的综合利用工程，工程坝址位于田东县城下游约7.0km的林逢镇，其上距百色坝址约142km，距那吉坝址约78km，下距金鸡滩坝址约81km。

枢纽主要由船闸、泄水闸、电站及接头重力坝等组成，正常蓄水位为99.5m、设计最大通航流量为4700m^3/s（10年一遇），上游设计最高、最低通航水位分别为99.64m、96.0m，下游设计最高、最低通航水位分别为99.40m、87.70m，设计洪水6210m^3/s（50年一遇），校核洪水12700m^3/s（500年一遇）。枢纽船闸级别为Ⅲ级，船闸有效尺度为：190m×23m×3.5m（长度×宽度×槛上水深）；枢纽布置有9孔泄洪闸，每孔净宽16m；水电站厂房采用河床式，电站初选总装机容量为60MW，安装灯泡贯流式机组3台，每台机组额定出力为20MW，额定净水头7m，多年平均发电量为230.801GW·h。鱼梁航运枢纽工程现场布置，如图5.1-1所示。

5.1.2　原设计方案工程布置及通航水流条件试验结果分析

5.1.2.1　原设计方案工程布置

设计方案枢纽各建筑物布置从左至右依次为船闸、左6孔泄洪闸、纵向导墙、右3孔泄洪闸、电站厂房。船闸仍布置在左岸一级阶地与河床之间的岸坡

图5.1-1　鱼梁航运枢纽工程现场布置图

上，闸室位于坝轴线下游，船闸有效尺度为190m×23m×3.5m（长度×宽度×槛上水深），闸室底高程为84.2m。船闸上游过闸采用曲进直出，上游引航道底高程为92.5m，与上闸首相接左侧为160m长的主导航墙，右侧为辅导航墙。船闸下游过闸也采用曲进直出，下引航道底高程为84.2m。与下闸首相接左侧为160m长的主导航墙，右侧为副导航墙。紧接船闸从左至右依次布置有非溢流坝、左6孔溢流闸坝、纵向导墙、右3孔溢流闸坝和电站厂房。9孔净宽16m的泄水闸和纵向导墙所占河床宽度为177m。电厂布置于紧靠右岸岸坡坡脚河床中，厂房所占床宽度为95.42m。原设计方案工程布置，见图5.1-2。

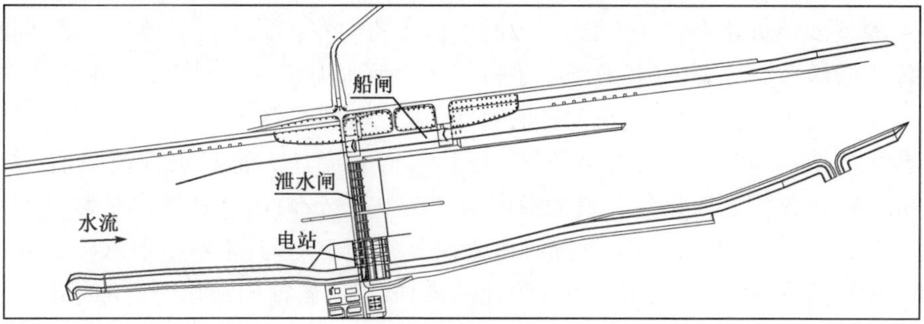

图5.1-2　鱼梁航运枢纽原设计方案工程布置图

5.1.2.2　通航水流条件试验成果分析

采用1:100整体水工模型对鱼梁航运枢纽船闸口门区水流条件进行了多方案的试验研究，最终提出了通过在口门区布设导流墩优化水流条件的工程措施，且被设计采用。

(1)上游引航道口门区水流条件

模型试验研究表明，船闸上游口门区通航水流条件与枢纽运行调度方式密切相关。在泄水闸关闭、电站发电运行工况下($Q \leqslant 976m^3/s$)，上游口门区位于库区，流速较小，通过水流条件完全满足规范要求；在泄水闸与电站联合运行工况下（$976 < Q \leq 2800m^3/s$），由于河道流量的增加，口门区流速增大，受引航道内静水顶托影响，口门区水流斜向右偏，通航水流条件趋于恶化，至 $2300m^3/s$ 流量时，口门区内部分测点的横向流速已超出规范限值，最大为 0.37m/s，范围主要集中口门以上约 50m 区域内；电站关闭、泄水敞泄（$Q > 2800m^3/s$）运行工况下，泄水闸敞泄泄洪，河道基本恢复至天然行洪状态，河道流速明显增大，相应的口门区内的纵、横向流速均明显增加，各级流量下口门区内均有一定区域的水流横向流速超出规范限值，设计最大通航流量下口门区最大横向流速为 0.46m/s，超标范围主要集中在堤头上 100m 区域内。原设计方案上游口门区最大横、纵向流速统计见表 5.1-1。

鱼梁航运枢纽原设计方案上游口门区最大横、纵向流速统计表 表 5.1-1

流量（m^3/s）	最大横向流速（m/s）	最大纵向流速（m/s）	横向流速超标范围
976	0.13	0.61	—
2300	0.37	1.55	口门上游 50m 区域
4700	0.46	2.01	口门上游 100m 区域

（2）下游引航道口门区水流条件

模型试验研究表明，电站或泄水闸下泄水流向左扩散进入下游口门区，同时由于下游微弯河势影响，各典型流量口门区通航水流条件均不能满足规范要求。在泄水闸关闭、电站发电运行的各流量级，由于电站布置于河道右侧，电站尾水以较大的偏角（20° ~ 30°）进入下游口门区，横向流速大都超出规范限值，$Q = 976m^3/s$（电站满发流量）时，最大横向流速为 0.53m/s；电站和泄水闸联合调度运行时，由于泄洪闸的开启，下游河道流速分布趋于均匀，枢纽下泄水流进入口门区的偏角有所减小，但由于河道流速的增加，口门区横向流速仍大都超出规范限值，至 $2300m^3/s$ 流量时，口门区内最大横向流速 0.48m/s；电站关闭、泄水闸敞泄的各流量级，下游口门区斜向仍较为明显，横流较大。设计最大通航流量下，口门区最大横向流速达到了 0.52m/s。原设计方案下游口门区最大横、纵向流速统计见表 5.1-2。

鱼梁航运枢纽原设计方案下游口门区最大横、纵向流速统计表 表 5.1-2

流量（m^3/s）	最大横向流速（m/s）	最大纵向流速（m/s）	横向流速超标范围
976	0.51	1.36	口门下 150 ~ 400m 航中线右侧区域
2300	0.48	1.64	口门下 200 ~ 400m 航中线右侧区域
4700	0.52	2.09	口门下 200 ~ 400m 航中线右侧区域

5.1.3 口门区通航水流条件优化试验

5.1.3.1 优化措施工程布置

针对原设计方案船闸上、下游口门区通航水流条件存在的问题,模型进行了多个方案的优化试验,最终提出的优化措施为:

(1)上游口门区,在右侧辅导航墙上游20m处开始连续布置间距为20m的3个楔型导流墩,导流墩长20m、宽2m、顶高程为101m。

(2)下游口门区,在右侧辅导航墙下游20m处开始连续布置间距为20m的5个楔型导流墩,导流墩长20m、宽2m、顶高程为101m。工程布置见图5.1-3。

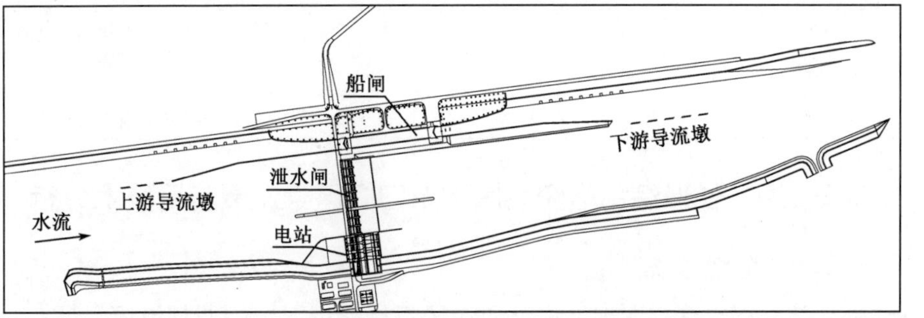

图5.1-3 鱼梁航运枢纽优化方案工程布置图

5.1.3.2 优化方案通航水流条件试验成果

(1)上游口门区

试验表明,通过在上游口门区右侧布设3个导流墩,口门区内的通航水流条件明显趋好,各级通航流量下口门区内横、纵向流速均满足规范要求。优化方案上游口门区最大横、纵向流速统计见表5.1-3。

鱼梁航运枢纽优化方案上游口门区最大横、纵向流速统计表 表5.1-3

流量(m^3/s)	最大横向流速(m/s)	最大纵向流速(m/s)	横向流速超标范围
976	0.11	0.57	—
2300	0.25	1.48	—
4700	0.3	1.94	—

(2)下游口门区

试验表明,通过在下游口门区右侧布设5个导流墩,由于导流墩的阻流作用,进入口门区的水量减少,相应的口门区内纵向流速有所降低,各级流量下口门区最大纵向流速较原设计方案降低0.1~0.2m/s。此外,间隔布置的导流墩使其掩护范围口门区内的集中斜流得到分散,横向流速明显减小,同时通过导流墩间隙进入口门区的水流对导流墩以下的斜向扩散水流也起到了一定的顶冲作用,使得扩散水流的角度较原设计方案也有所减小,因此口门区的横向流速得到明显改善,大部分通航流量下口门区内横向流速能够满足规范要求,仅在976m^3/s、4700m^3/s两级流量下口门区右侧航道边缘有个别测点横向流速略超规范限值,但由于范围较小且流速值超量不大,且通过船模试验论证,对船舶进出引航道基本没有影响,因此可认为通航水流条件满足要求。优化方案下游口门区最大横、纵向流速统计见表5.1-4。

鱼梁航运枢纽优化方案下游口门区最大横、纵向流速统计表 表5.1-4

流量(m^3/s)	最大横向流速(m/s)	最大纵向流速(m/s)	横向流速超标范围
976	0.32	1.19	口门下300处航道右侧边缘
2300	0.29	1.52	—
4700	0.35	1.99	口门下300处航道右侧边缘

5.2 湘江长沙综合枢纽船闸下游口门区导流墩应用技术分析

5.2.1 枢纽概况

长沙综合枢纽蔡家洲坝址位于湘江尾闾长沙市下游望城县境内,是湘江干流9级梯级开发中最下游的一个梯级枢纽,上距株洲枢纽约133km,下距沩水河口2km,距入汇洞庭湖的濠河口约28km。

长沙枢纽工程为低水头径流式电站、泄水闸式闸坝、槽蓄型水库,泄水堰面高程尚低于现有河床平均高程。工程等别为Ⅰ等,工程规模为大(1)型,永久性主要水工建筑物设计洪水为100年一遇、校核洪水为500年一遇。枢纽正常蓄水位及死水位均为29.70m,库容为$7.06\times10^8m^3$。枢纽在枯水期、中水期、洪水期及洞庭湖水位顶托时采用不同的调度方式。

双线船闸设计最大通航流量为21900m^3/s(20年一遇),最小通航流量为385m^3/s($P=98\%$),上游最高、最低通航水位分别为35.06m、23.00m,下游最高、最低通航水位分别为34.88m、21.90m,闸室有效尺度200m×34m×4.5m(长×宽×门槛水深,门槛水深考虑了1.5m水位下切值,总深6m),按通航一顶四艘千吨级+一顶两艘千吨级顶推船队标准和通过一顶四艘2000吨级船队进行设计。长沙综合枢纽工程效果、现场导流墩布置,如图5.2-1、图5.2-2所示。

5.2.2 原设计方案工程布置及通航水流条件试验结果分析

5.2.2.1 原设计方案工程布置

原设计方案工程布置从左至右主要建筑物依次为左岸改移防洪大堤、左岸副坝及预留三线船闸、二线船闸、一线船闸、26 孔净宽 22m 的低堰泄水闸、1 孔净宽 7m 泄洪排污闸、电站厂房、鱼道、蔡家洲副坝、20 孔净宽 14m 的高堰泄水闸及右岸副坝。挡泄水坝段总宽度 1749.6m。

图 5.2-1 长沙综合枢纽工程效果图

图 5.2-2 长沙综合枢纽工程现场导流墩布置

右汊泄水闸所处位置为湘江蔡家洲汊道的副汊，各级流量下的分流比小于 20%，河床高程为 22.0～29.0m，堰顶高程与河床平均高程一致，采用 25m。左汊泄水闸所处位置为湘江蔡家洲分汊河道的主汊，各种流量下的分流比大于 80%，河床高程为 13.0～23.0m，泄水闸堰顶高程与河床平均高程基本一致，采用 18.5m。左、右汊泄水闸堰型均采用折线型实用堰。

船闸位于左汊左岸河边，与坝轴线垂直正交，闸室有效尺度 280m × 34m × 4.5m（长 × 宽 × 门槛水深）。船闸右侧与泄水闸紧邻布置，为双线船闸，一、二线船闸共用引航道，上、下游引航道底高程分别为 20.0m、17.5m，船闸下游口门区及连接段航道底高程为 18.7m。上、下游引航道底宽均为 146m，长度均为 910m，口门宽度为 146m。

电站厂房为河床式、电站总装机容量 57MW，共 6 台单机 9.5MW 的灯泡贯流式机组，年均发电量 2.315×10^8kW · h，转轮直径 6.7m，最小运行水头 1.5m，单机引流量 301m^3/s。原设计方案工程布置，见图 5.2-3。

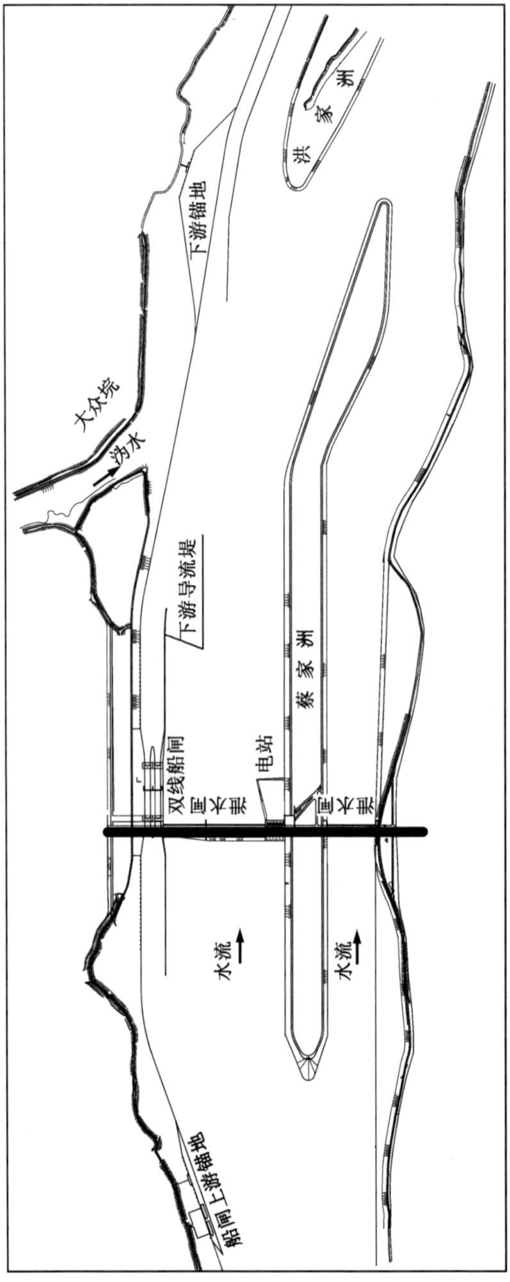

图5.2-3　长沙综合枢纽原设计方案工程布置图

5.2.2.2　下游口门区通航水流条件试验成果分析

采用1∶100整体水工模型对船闸引航道口门区水流条件进行了试验,原设计方案船闸上游口门区通航水流条件能够满足规范要求,因此本节仅对下游口门区水流条件进行介绍。试验选取了 Q = 1824m^3/s、5000m^3/s、13500m^3/s、21900m^3/s 四级典型流量进行试验,各流量级下游口门区水流条件分析如下:

Q = 1824m^3/s 时,泄水闸全部关闭,6台机组满发。水流出电站尾水渠后逐渐扩散,并在左汊泄水闸至下游导流堤堤头之间形成一逆时针大范围三角形回流区。部分水流过经下游导流堤堤头后逐渐向右侧口门区航道内,虽然堤头下100m附近航道内水流与航线夹角较大,但由于斜流流速较小,横向流速一般在0.1m/s以内。

Q = 5000m^3/s 时,电站与泄水闸联合调度,电站出流与泄水闸出流在下游汇合后沿左汊主河道而下,并在未开启的泄水下游形成涡流区。水流过下游导流堤堤头后,开始向左侧口门区航道内扩散,并在堤头下0~200m左侧口门区航道内形成一逆时针回流区,最大回流流速为0.23m/s;而后水流逐渐顺下游连接段航槽方向而下,水流比较平顺,横向流速一般在0.2m/s以内。

Q = 13500m^3/s 时,堤头下100~500m航道段,水流以向左约13°的偏角向左侧航道内扩散,横向流速大都在0.3m/s以上,最大横流为0.51m/s,同时,在口门区左侧航道内形成一逆时针三角形回流区,最大回流流速为0.43m/s。

Q = 21900m^3/s 时,堤头下100~500m左侧航道内回流强度有所增加,最大回流流速为0.52m/s;干流主河道内流速较上级流量有所增加,而由于河道水深和沩水来流量的增加,水流与航线夹角有所减小,堤头下200~500m右侧航道内横流流速一般在0.25~0.35m/s,最大横向流速为0.42m/s。

由上可见,原设计方案在流量 Q = 13500m^3/s 时口门区横向流速较大幅度超出规范限值,另在设计最大通航流量 Q = 21900m^3/s 下,船闸下游口门区的横向流速及回流流速均出规范限值,通航水流条件不能满足规范要求。

5.2.3　口门区通航水流条件优化试验

5.2.3.1　优化措施工程布置

针对原设计方案船闸下游口门区通航水流条件存在的问题,模型进行了多个方案的优化试验,最终提出的优化措施为:在船闸下游口门区右侧,沿下游导流堤堤头向下连续布置5个楔形导流墩,导墩长30m,宽3m,导墩与堤头、导墩与导墩间距均为20m,导墩距航道右侧边线为5m。工程布置见图5.2-4。

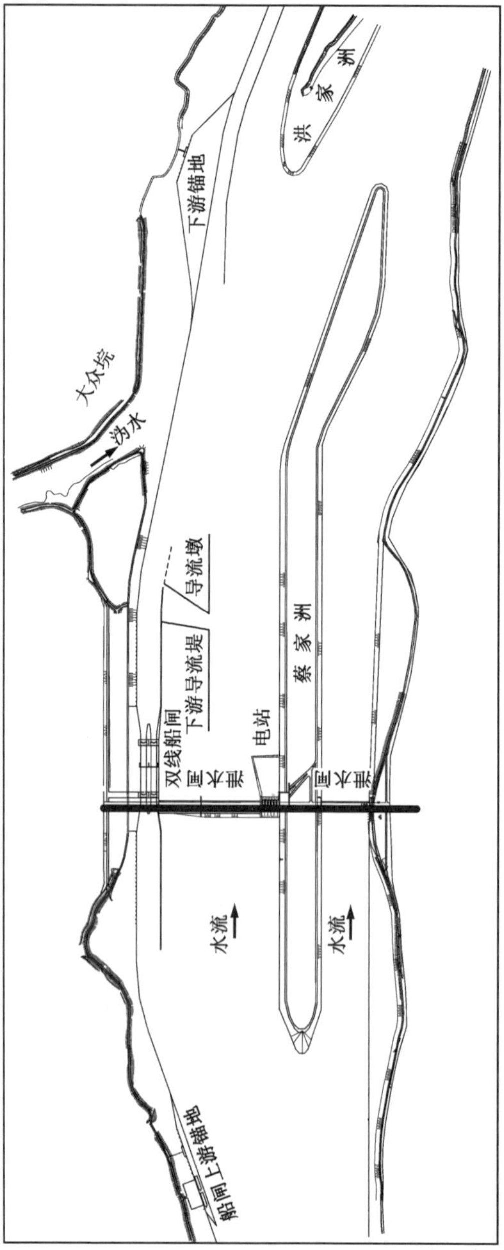

图5.2-4 长沙综合枢纽优化方案工程布置图

5.2.3.2　优化方案通航水流条件试验成果

根据设计方案水流条件试验成果，优化方案进行了 $Q=13500m^3/s$、$21900m^3/s$ 两级典型流量船闸下游口门区通航水流条件试验。

$Q=13500m^3/s$ 时，由于导流堤堤头下航道右侧布置的导流墩，使水流过下游引航道导流堤堤头后向左侧航道内扩散显著减弱；堤头下 100～600m 右侧航道内，水流与航线的夹角一般在9°左右，横流大都在0.25m/s以内，个别测点横流大于0.3m/s，最大横流为0.36m/s，同时，扩散水流在左侧航道内形成上宽下窄的逆时针三角形回流区，最大回流流速为0.32m/s。

当 $Q=21900m^3/s$ 时，受口门区右侧布置导流墩的影响，水流过下游引航道导流堤堤头后向口门区内扩散的态势显著减弱，该流量级口门区横流大都在0.25m/s以内，仅右侧航道边缘有个别测点横向流速略超规范限值，最大横向流速为0.34m/s，扩散水流在航中线左侧仍形成有一逆时针三角形回流区，最大回流流速为0.4m/s。

由此可见，通过在船闸下游口门区右侧布置导流墩，$Q=13500m^3/s$、$21900m^3/s$ 两级典型流量船闸下游口门区内的横向流速以及回流流速均明显减小，其中回流流速均小于规范要求的0.4m/s限值。两级流量下虽然口门区内最大横向流速仍略超规范限值，但仅限于个别测点且位于航道边缘，经船模试验论证，对船舶航行基本没有影响，因此可认为通航水流条件满足要求。

5.3　松花江依兰航电枢纽船闸下游口门区导流墩应用技术分析

5.3.1　枢纽概况

依兰航电枢纽位于松花江中游“三姓”浅滩下段，是松花江干流梯级渠化的第四个梯级，是一座以航运、发电为主，同时具有交通、水产养殖和旅游等综合利用功能的低水头航电枢纽工程。

枢纽坝址控制流域面积 $454047km^2$，最大通航流量（20 年一遇）$13240m^3/s$，设计洪水（100 年一遇）$19694m^3/s$，校核洪水（300 年一遇）$24017m^3/s$，拟定正常蓄水位 100.0、99.0 及 98.0m。枢纽建筑物主要由船闸、泄水闸、径流式电站、土坝及坝顶公路等组成，其中船闸级别为Ⅲ级，有效尺度为 180m×28m×3.5m（长度×宽度×门槛水深）。电站为低水头河床式水电站，泄水闸为开敞式，每孔净宽 20m，堰型为底流消能折线堰，堰顶高程为 89m。

5.3.2 原设计方案工程布置及通航水流条件试验结果分析

5.3.2.1 原设计方案工程布置

枢纽平面布置由左至右依次为土坝、船闸、工程管理区、30 孔泄水闸、水电站及坝顶公路(图 5.3-1)。船闸布置在左岸滩地,船闸中心线与坝轴线垂直,船舶采取直进曲出的过闸方式,引航道平面采用向左不对称布置;泄水闸布置在工程管理区右侧,共分 2 组,左岸侧为 18 孔,右岸侧为 12 孔,中间以导流隔墩隔开,导流隔墩宽 6.0m,泄水闸每孔净宽 20m,闸墩宽度 3m,泄水闸总宽度 694m,过流净宽度 600m;电站位于枢纽右侧,为河床式低水头电站,电站进口底高程 75.69m。

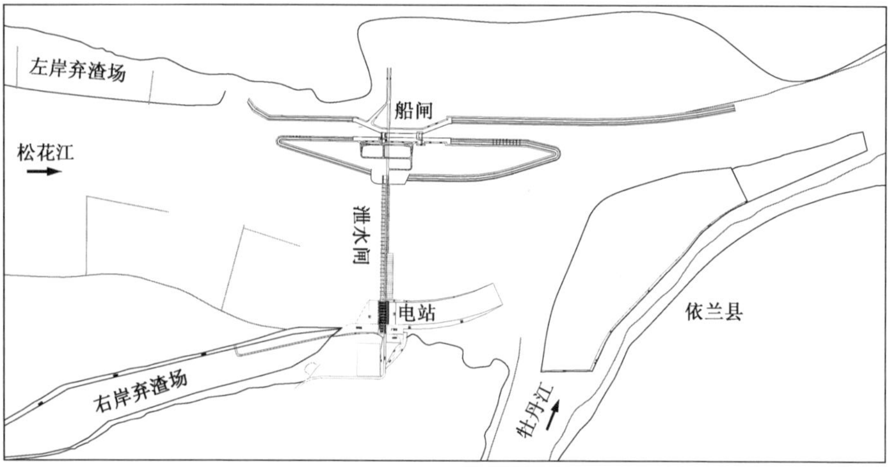

图 5.3-1 依兰枢纽原设计方案工程布置图

5.3.2.2 下游口门区通航水流条件试验成果分析

采用 1:100 整体水工模型对船闸引航道口门区水流条件进行了试验,原设计方案船闸上游口门区通航水流条件能够满足规范要求,因此本节仅介绍下游口门区水流条件进行介绍。根据上游来水特征及枢纽运用方式,模型共进行了 7 个流量级的通航水流条件试验,引航道口门区及连接段最大纵、横向流速统计见表 5.3-1。

依兰枢纽原设计方案下游口门区及连接段最大流速统计表 表 5.3-1

流量(m^3/s)		最值	下游		
$Q_{松}$	$Q_{牡}$		口门区	连接段	出现位置
600	300	v_x	0.35	0.15	300m 右侧
		v_y	0.6	0.9	

续上表

流量(m^3/s)		最值	下游		
$Q_{松}$	$Q_{牡}$		口门区	连接段	出现位置
1500	250	v_x	0.36	0.25	300m 右侧
		v_y	0.81	1.1	
2153	646	v_x	0.36	0.28	350m 右侧
		v_y	0.76	1.35	
3500	1050	v_x	0.36	0.29	400m 右侧
		v_y	0.81	1.1	
7500	2250	v_x	0.35	0.5	450m 右侧
		v_y	1.1	1.45	
10280	3084	v_x	0.4	0.45	450m 右侧
		v_y	1.2	1.7	
13200	2500	v_x	0.48	0.49	300m－600m
		v_y	1.3	2.1	

(1) $Q_{松} \leqslant 2153m^3/s$

调度方式:电站发电,泄水闸关闭。

电站下泄水流直接进入下游口门区及连接段,导致口门区水流角度较大,最大偏角超过30°,最大横向流速达到0.36m/s,出现在距堤头250~350m航道右侧,其他区域一般小于0.3m/s,最大纵向流速0.81m/s;连接段范围内水流偏角有所减小,最大横向流速0.28m/s,最大纵向流速1.35m/s。因此该流量级范围内,口门区内斜流较大,通航水流条件基本满足规范限值要求。

(2) $2153m^3/s < Q_{松} \leqslant 7500m^3/s$

调度方式:电站与泄洪闸联合运用。

随着流量的加大,下引航道口门区及连接段附近水流流速开始加大,口门区附近最大流速达到1.3m/s,最大斜流角度达到25°,最大横向流速0.36m/s,最大纵向流速1.1m/s;连接段附近最大流速达到1.5m/s以上,导致航道内最大横向流速达到0.5m/s,通航水流条件超出规范限值要求。

(3) $7500m^3/s < Q_{松} \leqslant 13200m^3/s$

调度方式:电站关闭,泄洪闸敞泄。

随着流量的加大,下引航道口门区及连接段附近水流流速进一步加大,由于无导流墩阻挡,沿下引航道导流堤下泄的水流直接进入下游口门区及连接段,堤头以下300~600m范围航道右侧，平均横向流速超过0.4m/s，最大达到0.49m/s，通航水流条件超出规范限值要求。

5.3.3 口门区通航水流条件优化试验

5.3.3.1 优化措施工程布置

针对设计方案在通航水流条件方面所存在的问题进行了不同导流建筑物布置研究，经多组次不同导流建筑物布置试验，确定在下引航道导流堤堤头以下设置6个导流墩，导流墩长30m、宽3m，布置间距15m。具体优化工程布置见图5.3-2。

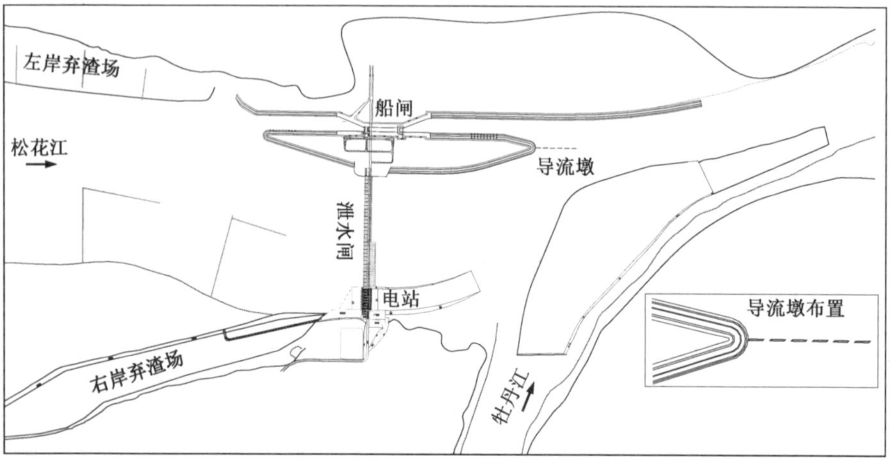

图5.3-2 依兰枢纽优化方案工程布置图

5.3.3.2 优化方案通航水流条件试验成果

优化方案进行了与设计方案相同的7个流量级的通航水流条件试验，优化方案船闸下游引航道口门区及连接段最大纵、横向流速统计见表5.3-2。

依兰枢纽优化方案下游口门区及连接段最大流速统计表 表5.3-2

流量(m^3/s)		最值	下游		
$Q_{松}$	$Q_{牡}$		口门区	连接段	出现位置
600	300	v_x	0.1	0.24	
		v_y	0.2	0.8	
1500	250	v_x	0.11	0.25	
		v_y	0.3	1.1	
2153	646	v_x	0.2	0.3	
		v_y	0.33	1.3	

续上表

流量(m^3/s)		最值	下　游		
$Q_{松}$	$Q_{牡}$		口门区	连接段	出现位置
3500	1050	v_x	0.18	0.29	
		v_y	0.4	1.3	
7500	2250	v_x	0.2	0.31	700m 右侧边缘
		v_y	0.4	1.64	
10280	3084	v_x	0.25	0.28	
		v_y	0.5	1.7	
13200	2500	v_x	0.25	0.31	700m 右侧边缘
		v_y	0.75	1.98	

(1)$Q_{松} \leqslant 2153m^3/s$

电站下泄水流沿下游导流堤向口门区及连接段扩散，口门区范围内受6个导流墩保护，水流流速较小，在口门区左侧存在逆时针回流区，回流长度150～400m，回流强度小于0.25m/s，口门区内最大横向流速0.06～0.20m/s，最大纵向流速0.2～0.35m/s；连接段位于6个导流墩掩护之外，但在导流墩挑流作用下，进入连接段的水流与航道夹角明显变小，航道内水流流速在0.5～1.5m/s，最大横向流速－0.3m/s，最大纵向流速1.35m/s，通航水流条件满足规范限值要求。

(2)$2153m^3/s < Q_{松} \leqslant 7500m^3/s$

下引航道口门区逆时针回流区随来流量增加回流强度进一步加强，但影响范围有所减小，最大回流强度小于0.35m/s；口门区在导流墩保护下最大横向流速为0.23m/s左右，最大纵向流速小于1.0m/s；连接段水流与航道交角在10°左右，连接段末端航道右侧边缘个别测点最大横向流速达到0.31m/s，其他区域均小于0.3m/s，最大纵向流速1.7m/s，通航水流条件满足规范所要求的限值。

(3)$7500m^3/s < Q_{松} \leqslant 13200m^3/s$

下引航道口门区左侧逆时针最大回流流速小于0.4m/s；口门区最大横向流速为0.25m/s，最大纵向流速为0.8m/s；连接段航道内流速有所加大，最大横向流速为0.34m/s，出现在连接段末端航道右侧，其他区域小于0.3m/s，最大纵向流速为1.98m/s，通航水流条件满足规范所要求的限值。

第6章　结论与展望

6.1　结论

导流墩是改善船闸引航道口门区水流条件的一种有效工程措施，具有结构新颖、导流效果好、实用、施工方便等优点。本书利用二维水流数学模型、概化水槽试验以及整体水工模型3种手段对导流墩改善船闸引航道口门区的通航水流条件进行研究，所涉及的内容较为系统和全面，研究所得的理论认识及提出的规律性成果均具有创新意义，研究成果可以很好地指导工程应用。本书涉及的内容主要包括船闸引航道口门区流场特征理论、口门区水流对船舶航行影响理论、导流墩改善口门区水流条件机理、导流墩布置规律以及工程应用实例分析，得出的成果结论有以下几个方面。

6.1.1　船闸引航道口门区流场理论

通过对比船闸引航道口门区水流条件与单侧突扩水流和丁坝绕流的异同，从水流运动基本方程入手，推导出船闸引航道口门区回流长度的计算公式：

$$L = \frac{c_0^2 h \ln \frac{B}{B_1}}{k_b + k_c c_0^2 \frac{h}{B - B_1} \ln \frac{B}{B_1}}$$

6.1.2　口门区水流对船舶航行影响理论

口门区的斜向水流沿航向的纵向流速对船舶(队)起加速和减速的作用，垂直航向的横向流速使船舶产生漂移，且当横向流速非均匀分布时，船舶受不均匀流侧压影响发生回转运动，使船舶偏离航向；口门区回流对船舶(队)航行的影响主要是椭圆形旋转水流两端水流对船首和船尾产生方向相反的作用力，使得船舶产生扭转。

6.1.3　导流墩改善口门区水流条件机理

削弱回流机理：沿导航墙于航道外侧设置若干个导流墩，墩间缺口宽度为L，一方面把大的回流分解成若干个不连续的小的回流，由于主动力作用长度短，回流强度将减弱；另一方面由于沿程各缺口处有动量交换可使主流流速沿程降低，回流强度将依次减弱。

削弱斜流、流速均匀分布恢复距离机理：最后一个墩末的斜向水流是扩散水流与船闸引航道口门区纵向流速的合成，由于口门区的流量增加，纵向流速也随之增加，则最末一个导流墩处的斜向水流夹角和横向流速均减小，导流墩也就达到了削弱斜流、缩短流速均匀分布恢复距离的目的。

6.1.4 导流墩改善口门区水流条件布置规律

单个导流墩长度一般在 20 ~ 40m 为宜，大约为枢纽泄流净宽的 1/20；在口门区布置的导流墩数量越多，其改善水流条件的效果越明显；在相同的导流墩数量条件下，导流墩间距 $D=1.0L$（L 为导流墩长度）时，对水流条件的改善效果最佳；导流墩布置角度与航线平行时，对水流条件的改善效果最优。

6.2 展望

（1）本书研究成果主要是依据二维水流数学模型，从口门区水流作用力的角度研究分析了导流墩改善口门区水流条件的机理，尚存在一定的局限性。作者建议相关科技工作者今后可从口门区的三维水流结构入手，基于能量耗散理论进一步研究导流墩改善口门区水流条件的机理。

（2）本书研究内容主要是基于单一的导流墩结构形式，而对于口门区水深较大的枢纽工程，为节省导流建筑物工程投资，需进一步开展底部为桩基、上部为导流墩的组合式导流墩结构，改善口门区水流条件技术研究。

参 考 文 献

[1] 冯小香,等. 狭窄连续弯道河段航电枢纽通航安全技术研究[R]. 交通部天津水运工程科学研究所,湖南湘江航运建设开发有限公司,2011.

[2] 朱红. 导流墩改善船闸引航道口门区水流条件的试验研究[D]. 长沙:长沙理工大学,2011.

[3] 蔡素文. 枢纽口门区通航水流与船舶航行条件研究. [D]. 南京:南京水利科学研究院,2009.

[4] 于广年,等. 松花江依兰航电枢纽平面布置及通航水流条件试验研究[R]. 交通部天津水运工程科学研究所,2009.

[5] 普晓刚,等. 长沙综合枢纽平面布置及通航水流条件试验研究[R]. 交通部天津水运工程科学研究所,2009.

[6] 李君涛,等. 广西右江鱼梁航运枢纽整体水工模型试验研究[R]. 交通部天津水运工程科学研究所,2009.

[7] 郝品正,等. 湘江航运开发株洲航电枢纽通航条件试验研究[R]. 天津:交通部天津水运工程科学研究所,1999.

[8] 郝品正,等. 湘江大源渡航运枢纽通航条件试验研究[R]. 天津:交通部天津水运工程科学研究所,1993.

[9] 涂启明. 船闸总体设计中的通航水流条件[J]. 水运工程,1985,10:16-21.

[10] 周华兴,郑宝友. 船闸引航道口门区通航水流条件改善措施[J]. 水道港口,2002,23(2);81-86.

[11] 朱红,郝品正. 导流墩改善船闸引航道口门区水流条件试验研究[J]. 水道港口,2005,26(2):109-112.

[12] 郝品正,李伯海,李一兵. 大源渡枢纽通航建筑物优化布置及通航条件试验研究[J]. 水运工程,2000,(10):29-33.

[13] 郝品正,李军,徐国兵. 微弯分汊河段航电枢纽总体布置与通航条件优化试验研究[J]. 水运工程,2004,(11):66-69.

[14] 李金合,王守礼,章日红. 松花江大顶子山航电枢纽船闸平面布置研究[J]. 水道港口,2006,27(1):27-31.

[15] 李君涛,郝品正,李金合. 右江鱼梁航运枢纽平面布置优化研究[J]. 水道港口,2007,28(5):348-353.

[16] 赵清江,黄进青,王义安,等. 松花江依兰航电枢纽总体布置试验研究[J]. 水道港口,2009,30(5):361-364.

[17] 郑宝友,周华兴,等. 船闸口门区水流结构与连接段航道范围的探讨[J]. 水道港口,2008,29(3):199-204.

[18] 乐培九,李旺生,杨细根. 丁坝回流长度. 水道港口. 1999,2:3-9.

[19] 付国岩,丁利民. 一侧突扩高含沙水流试验研究[J]. 西北水资源与水工程,1995,6(1):55-60.

[20] 程天全,谢葆玲. 单边突扩浅水回流水流结构研究[J]. 水动力学研究与进展,1992,7(4):396-372.

[21] 李国斌,韩信,等. 非淹没丁坝下游回流长度及最大回流宽度研究[J]. 泥沙研究,2001,(3):68-73.

[22] 杨元平. 透水丁坝坝后回流区长度研究[J]. 水运工程,2005,2(2):18-21.

[23] 谢葆玲,明宗富,黄金堂. 回流附近水流结构及回流淤积的试验研究[J]. 泥沙研究. 1989,3:10-20.

[24] 韩玉芳,陈志昌. 丁坝回流长度的变化[J]. 水利水运工程学报,2004,3:33-36.

[25] 普晓刚,李俊,郝媛媛. 湘江土谷塘航电枢纽船闸通航水流条件优化试验研究[J]. 水道港口,2011,32(5):346-350.

[26] 陈永奎. 斜流效应的分析计算[J]. 长江科学院院报 . 1996,13(3):1-6.

[27] 陈永奎,王列,杨淳. 三峡工程船闸上游引航道口门区斜流特性研究[J]. 长江科学院院报,1999,16(2):1-6.

[28] 凌贤宗. 铜鼓滩枢纽通航水流条件的试验研究[J]. 长江科学院,1987:317-325.

[29] 韩昌海,王傅文. 飞来峡水利枢纽下游引航道口门区通航条件改善途径探讨[J]. 水运工程,1996,12:26-29.

[30] 潘雅真,罗序先,李穗清. 贵港航运枢纽船闸引航道回门区水流条件的研究[J]. 水运工程,1996,7:30-35.

[31] 龚延庆,王义安,李金合. 改善大顶子山航电枢纽通航水流条件措施研究[J]. 水道港口,2004,25(2):90-92.

[32] 郝品正,王志纯. 弯道河段航电枢纽通航技术研究[J]. 水道港口,2004,25:75-78.

[33] 黄碧珊,张绪进,舒荣龙. 新政电航枢纽船闸引航道口门区通航条件研究[J]. 重庆交通学院院报,2003,22(3):120-124.

[34] 陈桂馥,张晓明,王召兵.船闸导航建筑物透空形式对通航水流条件的影响[J].水运工程,2004,368(9):56-59.

[35] 周代鑫.水利枢纽船闸引航道口门区流态改善措施[J].人民珠江,1997,5:29-31.

[36] 窦国仁.丁坝回流及相似率的研究[J].水利水电科技情报,1978,3:10-14.

[37] 陆永军,周耀庭.丁坝下游恢复区流场初探[J].水动力学研究与进展,1989,4(3):70-78.